김 하사는
어떻게 20살에
해군 부사관이
됐을까?

김 하사는 어떻게 20살에 해군 부사관이 됐을까?

초판 1쇄 2021년 03월 23일 **초판 2쇄** 2021년 10월 20일
지은이 황영민 | **펴낸이** 송영화 | **펴낸곳** 굿웰스북스 | **총괄** 임종익
등록 제 2020-000123호 | **주소** 서울시 마포구 양화로 133 서교타워 711호
전화 02) 322-7803 | **팩스** 02) 6007-1845 | **이메일** gwbooks@hanmail.net
ⓒ 황영민, 굿웰스북스 2021, *Printed in Korea.*

ISBN 979-11-91447-07-1 03190 | 값 15,000원

수상함 2년, 잠수함 3년 복무한 해군 부사관이 알려주는
찬란한 환상부터 현실의 장벽까지 해군에 대한 모든 것!

김 하사는
어떻게 20살에
해군 부사관이
됐을까?

황영민 지음

굿웰스북스

누구나 경험할 만한
보편적인 해군 부사관 이야기

나는 '군 생활 잘하는 사람'이 아니었다. 주류보다는 비주류였고, 기초군사교육을 비롯하여 각종 교육에서 중상위권 정도의 성적을 거두었다. 소위 말해 엘리트 코스를 걸어가는 우등생이 아니었다. 이 부서 저 부서 옮겨 다니기도 하고 원하지 않는 부서에 배치되는 경우가 많았다. 인원 부족으로 편제에 맞지 않는 임무를 맡는 때도 있었다.

나는 이런 경력에 콤플렉스가 있었다. 자신의 계획대로 경력을 쌓아가는 사람도 있지만, 대개는 계획대로 잘 풀리지 않는 경우가 많다. 한 사람이 모든 것을 경험해볼 수는 없지만 내가 걸어간 길이 누군가에겐 길잡이가 될 수 있으리라 생각했다.

　내가 이 책 『김 하사는 어떻게 20살에 해군 부사관이 됐을까?』를 집필한 이유는 해군 부사관을 꿈꾸지만 막연한 두려움을 가진 사람들에게 용기와 위로를 전하기 위해서다.

　이 책은 해군 부사관이 되는 방법이나 절차는 다루지 않는다. 대신 해군에 입대하면 어떤 일들이 펼쳐지는지 나의 경험을 진솔하게 담아보고자 노력했다. 해군이 무엇을 하는 곳인지 아무것도 몰랐던 내가 8년 전에 이 책을 읽었더라면, 좀 더 즐겁게 해군 생활을 할 수 있었을 것 같다는 생각이 든다. 내가 바다에서 고군분투했던 이야기들이 누군가에게는 희망과 용기가 되고, 위로가 되고, 추억을 회상하는 즐거움으로 다가가길 소망한다.

　이 책에서는 장별로 다음과 같은 내용을 담았다.

　1장 '수능 끝나고 도대체 무엇을 해야 할까?'에서는 고등학생 때부터 해군에 입대하기 전까지 겪었던 고민과 어려움에 관한 이야기를 담았다.

　2장 '나는 대학 대신 해군 부사관을 선택했다'에서는 내가 대학을 진학하지 않고 해군 부사관을 선택한 이유에 관한 이야기를 담았다. 그리고 대학을 졸업하고 방황하는 친구들과 지인들을 보며 대학을 가지 않고도 자신의 길을 걸어갈 수 있다는 대안을 제시한다.

　3장 '해군 부사관이 되기 전에 준비해야 할 것들'에서는 해군이 되기 위한 준비를 제대로 하지 못해 겪었던 나의 시행착오를 돌아보았다. 이를 통해 예비 해군 부사관 후보생들이 입대 전에 어떤 준비를 해야 하는지에 대한 생각을 강조했다.

4장 '아무도 알려주지 않은 8가지 해군 생활 비법'에서는 실무 부대에 부임했을 때 중점을 두고 실천하면 빠르게 적응할 수 있을 8가지 노하우를 알려준다.

5장 '지금 당장 해군 부사관으로 입대하라'에서는 내가 해군 생활을 마치고 돌아보며 깨달은 점을 담았다. 그리고 미리 알았더라면 나의 길을 자신 있게 걸어갈 수 있을 것으로 생각하는 내용을 정리했다.

이 책이 세상에 나올 수 있도록 도와주신 〈한국책쓰기1인창업코칭협회〉의 김태광 대표 코치님께 감사드린다. 전역 후에 문득 수첩에 끄적끄적 적었던 낙서가 있다.

'내 경험이 누군가에게 도움이 될 수도 있지 않을까? 책을 써보는 것은 어떨까?'

그 낙서는 몇 달 지나지 않아 현실로 눈앞에 펼쳐졌다. 김태광 코치님을 만나게 된 것이다. 나의 꿈과 가능성을 일깨워주고 내 경험이 가치 있는 것임을 깨닫게 해주셨다. 그리고 세상에 당당하게 드러낼 수 있도록 도와주셨다.

나의 든든한 지원군이자 언제나 물심양면으로 응원하고 도와주시는 사랑하는 부모님과 동생 영진이에게 감사를 전한다. 그리고 장인, 장모님께 감사드린다. 사실 전역하면서 죄송한 마음이 컸다. 베테랑 해군 원사이신 장인어른께서 같은 해군 부사관으로서 믿음직한 모습을 보시고 결혼을 허락해주셨는데 얼마 지나지 않아 전역을 선택했으니 말이다. 8년 차 중사가 어떻게 30년 차 원사 앞에서 먼저 군복을 벗겠다고 감히 말할 수 있을까? 그런데도 철없는 사위와 딸의 꿈을 묵묵히 응원해주신 덕분에 이 책을 쓸 수 있었다. 비록 몸은 해군을 떠났지만, 아직 해군을 위해 일하고 싶은 마음을 이 책으로 보여드리고자 한다.

마지막으로 이 책을 세상에서 가장 사랑스러운 나의 아내 이성서에게 바친다. 무모해보이는 남편의 도전에 용감하게 같이 가자고 손 내밀어주고 곁에서 한결같은 믿음을 준 아내에게 사랑의 마음을 전한다.

2021년 3월
황영민

목차

수능 끝나고 도대체 무엇을 해야 할까?

2장 나는 대학 대신 해군 부사관을 선택했다

3장 해군 부사관이 되기 전에 준비해야 할 것들

4장 아무도 알려주지 않은 8가지 해군 생활 비법

5장 지금 당장 해군 부사관으로 입대하라

1장.

수능 끝나고 도대체 무엇을 해야 할까?

나는 해군사관생도가
되고 싶었다

"아들, 해군 군함 타러 가볼래?"

때는 고등학교 2학년 겨울이었다. 아버지가 해군 군함 타러 가보지 않겠냐고 물어보셨다. 아버지 친구가 부산 해군부대에서 근무하고 있는데 새해맞이 초청행사로 우리 가족을 초청한 것이다. 부산 해군작전사령부는 집에서 차를 타고 20분 정도의 거리에 있었다.

"네, 좋아요!"

색다르고 멋진 경험이 될 것 같아 흔쾌히 좋다고 대답했다. 이 한순간의 대답으로 인해 훗날 나의 20대를 바다 한가운데로 던지게 된다.

1월 1일 새벽 4시. 너무 추운 날씨였다. 해 뜨기 전이 가장 춥다고 하지 않던가? 한겨울 날씨에 바람도 많이 불고 너무 추웠다. 두꺼운 옷을 챙겨 입고 아버지의 카니발을 타고 해군작전사령부로 향했다. 군항의 부두에는 상륙함 독도함과 구축함 왕건함이 정박 중이었다. 우리 가족이 승함하는 배는 왕건함이었다. 난생처음 보는 군함의 모습에 나는 넋을 잃었다.

'우와~ 이 엄청난 배가 바다에서 싸운단 말이야? 진짜 멋있다!'

나는 군함의 웅장함과 멋에 매료됐다. 왕건함 앞에 있는 주차장에 주차하고 현문 사다리를 올라갔다. 현문에서 당직병이 인원 확인을 하고 초청 가족 표시로 손등에 작은 스티커를 붙여주었다. 난생처음 보는 군함을 직접 타보기까지 하다니 너무 신기하고 기분이 좋았다. 배 전체에서 풍기는 페인트 냄새와 좁은 통로…. 그중 특히 나의 눈길을 끌었던 건 승조원들이 입고 있던 정복이었다. 정복을 입고 있는 왕건함 승조원들이 정말 멋있게 보였다.

"출항~!"

왕건함은 뱃고동 소리와 함께 조타사의 힘찬 방송으로 출항했다. 호각소리에 맞춰 일사불란하고 절도 있게 움직이는 갑판 요원들이 인상적이었다. 새해맞이 행사는 오륙도 부근을 한 바퀴 돌며 해 뜨는 모습을 보고 돌아오는 코스였다.

일출 시각이 다가와서 안내방송이 나왔다. 사람들은 방송을 듣고 외부 갑판으로 나가기 시작했다. 우리 가족도 외부 갑판으로 나가서 미사일 발사대 옆에서 일출을 감상했다. 군함 위에서 새해 일출을 보다니! 정말 특별한 경험이었다. 멋진 일출 감상을 마치고 승조원 식당에 가서 떡국을 먹었다. 추운 날 밖에서 벌벌 떨다가 먹는 따뜻한 떡국이 얼마나 맛있던지… 아직도 그 맛이 기억난다.

새해맞이 행사가 끝나고 군항으로 배를 돌려 입항을 시작했다. 군함이 부두에 금방 정박할 수 있을 줄 알았는데 생각보다 오래 걸렸다. YTL이라 불리는 예인선이 함수와 함미에 1척씩 붙어서 배를 밀고 당기면서 위치를 조정하며 정박했다. 독도함이 먼저 입항하게 되어 생각보다 밖에서 오래 기다려야 했다.

함미 갑판에서 바닷바람을 맞으며 한참을 추위에 떨었다. 헬기 격납고에 들어가 있으면 바람을 덜 맞을 수도 있었다. 그 당시엔 무슨 생각이었는지 군함에서 바닷바람 언제 맞아보겠냐는 생각이 들었다. 입항할 때까지 함미 갑판에 서 있다 보니 손끝이 얼어 감각이 안 느껴졌다.

"입항~!"

조타사의 힘찬 입항 방송과 함께 입항했다. 그 당시엔 왕건함이 정박했던 그 부두가 정확히 3년 후 내가 피땀 흘리며 일하게 될 일터가 될 것이라고는 상상도 하지 못했다.

멋진 정복을 입고 군함을 타는 해군! 그 멋진 모습에 나는 가슴이 뛰기 시작했다. 수능 치고 대학에 가야 한다는 막연한 상황 속에서 새로운 목표가 생겼다. 집에 가는 길에 카니발 차 안에서 아버지에게 이렇게 외쳤다.

"아빠! 나 해군 갈래요!"

대한민국 해군의 모병 작전은 성공적이었다. 나에겐 해군에 가야겠다는 구체적인 목표가 생겼다. 난생처음 느껴보는 설렘이었다. 정복을 입은 나의 멋진 모습이 너무 기대되었다. 새하얀 정복을 입으면 세상을 다 가진 것 같은 기분이 들 것 같았다. 나는 매일같이 인터넷에서 해군을 검색하며 해군에 관한 관심을 키워갔다.

그러나 해군이라고 다 똑같은 해군인가? 군대에는 장교, 부사관, 병이 있었다. 장교가 되는 방법을 조사하던 중에 해군사관학교를 알게 되었다. 해군사관학교는 4년간 국비 지원을 받으며 공부한다. 4학년이 되면 군함을 타고 세계 일주를 하는 '순항훈련'의 기회도 주어졌다. 졸업하면 해군 소위로 임관하며 해군 장교로 복무하게 된다.

나는 4년간의 국비 지원 교육과 순항훈련에 마음이 꽂혔다. 고등학교 졸업 후에 부모님으로부터 독립할 기회이기도 했다. 이것저것 따질 것 없이 나는 해군사관학교에 진학하기로 마음먹었다.

학교에서 담임 선생님이 반 학생 모두에게 각자 가고 싶은 대학을 써보라고 했다. 나는 즐거운 마음으로 '해군사관학교'를 써서 제출했다. 선생님은 잠시 후 나의 사진과 목표 대학이 프린트된 종이를 나눠주셨다. 종이를 책상에 붙여놓고 매일 나의 목표를 보며 열심히 공부했다. 목표가 적힌 종이를 책상에 붙여놓는 것은 효과가 좋았다. 공부하다가 힘들 때 '해군사관학교'라는 목표가 적힌 종이를 보며 마음을 다잡았다. 그 목표가 내 가슴을 뛰게 했다.

매년 7월에 육·해·공군 사관학교 1차 필기시험을 친다. 나는 해군사관학교를 목표로 잡고 6개월간 열심히 공부했다. 그러나 내가 한 가지 놓친 것이 있었다. 나는 공부를 잘하는 학생이 아니라는 것이다. 3군 사관학교 1차 필기시험의 난이도는 평균 1~2등급 수준이었다. 수도권 대학에 지원할 수 있는 성적이 되어야 했다. 나는 4~5등급의 성적을 유지하고 있었다.

당시 나는 학교까지 걸어서 통학했다. 학교와 집까지의 거리는 40분 정도였다. 학교에서 운영하는 통학버스가 있었지만, 버스비는 점점 인상되었다. 버스비가 부담되어 나는 매일 학교까지 걸어 다녔다.

사관학교 1차 시험 날은 점점 다가오는데 성적은 오르지 않았다. 그 와중에 매일 1시간 30분 정도의 시간을 걷는 데 사용했다. 해군사관학교에 가겠다는 목표가 생긴 후로 걸어서 통학하는 시간이 아깝다는 생각이 들었다.

나는 공부시간을 아끼기 위해 기숙사 신청을 했다. 마침 열심히 공부하려고 마음먹은 친구들이 있어서 같이 신청하고 같은 방을 쓰게 됐다. 그 친구들과 함께 대학 진학을 위해 매일 밤낮으로 열심히 공부했다. 해군사관생도로 입학한 내 모습을 매일 상상하며….

2008년 7월 해군사관학교 1차 필기시험 날이었다. 1, 2학년 해군사관생도들이 시험 감독관으로 들어왔다. 새하얀 하정복을 입은 그들의 모습에 나는 완전히 매료됐다.

그러나 그뿐이었다. 나는 시험을 보기 전에 이미 전의를 완전히 상실했다. 시험이 코앞에 닥칠 때까지 합격할 수 있는 수준에 도달하지 못했다. 뒤늦게 목표를 잡고 공부를 시작했지만, 워낙 기초가 부족한 탓에 따라가기 힘들었다. 애초에 목표 설정이 잘못됐다는 회의감에 사로잡혔다.

시험이 시작되고 학생들은 각자 시험지를 보며 열심히 문제를 풀기 시작했다. 나는 문제를 구경만 했다. 문제를 훑어보고 풀 수 있는 문제만 풀었다. 시험을 열심히 본다고 한들 의미가 없는 수준이었기 때문이다. 그때 나는 나 자신이 한없이 초라하게 느껴졌다. 시험시간 내내 자책감이 들었다.

'그러게 평소에 공부 좀 열심히 하지 그랬어? 주변에 큰소리는 다 쳐놓고 꼴이 이게 뭐냐? 잘~한다!'

비참한 현실이었지만 받아들여야 했다. 결과는 냉혹했기 때문이다. 시험장에 있었던 학생 중 누군가는 자랑스럽게 해군사관생도로 입학했을 것이고 누군가는 나처럼 쓰라린 눈물을 삼켰을 것이다.

나는 해군사관생도가 되고 싶었다. 그러나 현실의 장벽은 생각보다 높았다. 인생에 있어서 처음으로 설렘을 가지고 용감하게 도전했지만 보기 좋게 떨어졌다. 간절히 꿈꿨던 목표가 한순간에 사라진 것이다. 난생처음 겪은 실패가 너무나 쓰라렸다. 세상이 무너진 것 같고 스스로 자책을 많이 했다. 이렇게 허무하게 꿈을 접어야 할까? 나는 그저 꿈만 꾸는 몽상가였던 것일까? 남은 4개월 동안 수능에 집중하기 힘들었다.

부모님은 기대하지 않으셨던 모양이었다. 예상했던 결과가 나온 것이라는 반응이었다. 부모님의 반응에 나는 더욱더 좌절했다. 시험을 제대로 못 본 것은 내 책임이다. 하지만 부모님께 따뜻한 한마디 위로의 말을 듣고 싶었다. 그러나 그것은 나의 바람일 뿐이었고, 나는 더욱더 처절하게 혼자가 되어버렸다.

육군 · 해군 · 공군의 각 특성을 명확하게 구분하자

육군·해군·공군의 특성을 조사해보고 자신에게 잘 어울리는 군을 선택하자. 가끔 육군·해군·공군 부사관 시험에 모두 응시하고 해군에 합격이 되었다는 이유로 입대하는 사람이 있다. 해군은 바다에서 근무하기 때문에 근무 환경이 육지와는 차원이 다르다. 육지와 연락이 쉽지 않고 사회와의 단절 같은 요소들을 잘 견뎌낼 수 있겠는지 충분히 고민해보는 것이 좋다.

02

대학 vs 취업,
그것이 문제로다

　현실은 냉정했다. 예상했던 결과지만 1차 시험 합격자 명단에 내 이름은 없었다. 첫 번째 쓰라린 실패를 맛보았다. 애초에 목표 설정이 잘못된 것이었는지 고민이 되었다. '너무 목표를 높게 잡았던 걸까? 나는 애초에 오르지 못할 나무를 바라봤던 것일까?' 하는 생각이 들었다.

　그렇지만 한번의 실패로 끝내고 싶지 않았다. 죽이 되든 밥이 되든 다시 한번 도전해보고 싶었다. 부모님께 재수해서 다시 해군사관학교에 도전하고 싶다고 했다. 나는 마음을 다잡고 용기 내서 말했지만, 부모님은 회의적인 반응이었다. 결과로 나타난 것이 없는데 재수한다고 해서 좋은 결과를 거둘 수 있는지에 대해 의문을 가지셨다. 서운하긴 했지만 내가 처한 현실에 맞는 당연한 반응이었다. 아마 부모님이 나보다 더 서운하셨을 것이다.

진로 고민이 없는 사람이 있을까? 수능을 마쳤다면 한번쯤 자신의 진로에 대해 진지하게 고민해보는 시간이 필요하다. 우리는 지금까지 초·중·고 12년 동안 학교 다니며 공부했다. 그 공부의 종착점이 어디일까? 바로 대학이다. 그렇다면 대학은 왜 가야 하는가? 이 질문에 대해 제대로 고민해본 사람은 많지 않을 것이다. 왜 대학에 가야 하는지에 대해서 학교에서도 잘 가르쳐주지 않는다. 좋은 직장에 취업하기 위해서 정도로 말해준다. 선생님들이 그렇게 답해주는 이유는 간단하다. 선생님들도 열심히 공부해서 사범대학 졸업 후 교사가 되었기 때문이다. 교사의 삶은 어떤 일에 도전해서 무엇인가를 성취해내는 것과는 거리가 멀다. 학생들이 배워야 할 지식과 교양을 가르치는 교사는 반드시 필요하다. 다만 학생들에게 진로에 대해 조언하기에는 제한사항이 있을 뿐이다.

최근에는 대학이 더 이상 나를 책임져주지 않는다는 분위기가 조성되고 있다. 대학 진학률은 시간이 지날수록 떨어지고 있다. 내가 수능을 봤을 때는 대학 진학률이 약 80%였다. 대부분은 대학에 진학하는 것이다. 대학을 가지 않는 것이 이상했다. 대학을 가지 않으면 낙오자라는 분위기도 있었다. 더군다나 인문계 고등학교였기 때문에 고등학교 졸업 후 대학은 무조건 가야 하는 곳이었다.

요즘 대학 입학정원이 미달되는 학교가 많아지고 있다. 저출산으로 학령인구가 점점 줄어드는 추세인 것이 가장 큰 이유라고 할 수 있다. 대학 입학 홍보를 보면 파격적인 홍보도 심심찮게 보인다. '입학 시 등록금 전액 지원' 같은 파격적인 조건에도 입학정원이 미달되는 대학이 많아졌다. 수도권 명문 대학에 진학해도 사정은 크게 다르지 않다. 많은 대학이 코로나19 때문에 온라인 수업으로 전환되었다. 덩달아 수업의 질이 크게 떨어지는 현상이 발생했다. 명문대 입학에 대한 기대를 안고 고액의 등록금을 낸 학생들은 캠퍼스에서 피켓을 들기 시작했다. 대학의 기능이 다시 한번 도마 위에 오른 요즘이다.

수능 성적이 발표됐다. 나는 아무런 기대 없이 성적표를 받았다. 도중에 목표를 잃어버려 전력을 다해 준비하지 못했다. 성적표를 받아 대충 등급만 확인한 후 가방에 쑤셔 넣어버렸다. 스스로에 대한 실망, 좌절, 막막함 등의 감정이 몰려오며 우울한 감정에 휩싸였다. 성적을 잘 받은 친구들은 기대감을 안고 어떤 대학에 갈 수 있을지 입시 준비를 시작했다. 선생님과 친구들과 의견을 나누며 한껏 기대감에 부풀어 있었다. 나는 정반대였다. 학창 시절 최대 관문인 수능이 끝났는데도 전혀 기분이 홀가분하지 않았다. 친구들과도 그냥 데면데면하게 지냈고 학교를 마치고 나면 혼자 지내는 시간이 많아졌다.

담임 선생님과 진학 상담하는 시간이 다가왔다. 어머니와 함께 선생님과 상담을 했다. 선생님은 나의 성적에 맞는 학교들을 정리해서 어떤 학교에 진학하는 것이 좋을지 방안을 제시해주셨다. 담임 선생님은 성적에 맞는 대학에 진학하기를 권유하셨다. 어머니도 선생님이 제안하는 방향에 어느 정도 수긍하셨다.

나는 성적에 맞춰 대학에 진학하기 싫었다. 원하지 않는 대학에 가서 목적 없는 대학 생활을 시작하는 것은 더더욱 싫었다. 담임 선생님께 조금 더 고민 해보겠다고 말씀드릴 수밖에 없었다. 부모님과 선생님은 나를 보며 답답해하셨다. 답답한 건 나도 마찬가지였다.

며칠 후 담임 선생님의 전화가 왔다. 생활기록부에 진로희망 칸이 비어 있어서 물어보기 위해 전화를 한 것이다. 매일 고민하며 우울한 생각에 빠져 있던 나는 간단한 질문에도 제대로 대답하지 못했다. 우물쭈물 대답도 제대로 못하고 있으니 담임 선생님은 "너 사관학교 가고 싶다고 했잖아? 직업군인으로 해라!"라고 버럭 화를 내셨다. 나는 무기력하게 "네." 한마디밖에 하지 못하고 전화를 끊었다.

대학 진학을 앞두고 고민은 날이 갈수록 커져만 갔다. 사실 답은 정해져 있었다. 재수해서 해군사관학교에 다시 도전하는 것이다. 하지만 재수하고 싶다고 해서 마음대로 할 수 있는 것이 아니었다. 부모님의 경제적 지원이 없이는 불가능하기 때문이다. 부모님은 재수에 대해 회의적인 반응이었다. 결과로 보여준 것이 없으므로 당연한 반응이었다. 내가 아무리 노력했다고 한들 결과는 성적표가 증명하는 것이었다. 초라한 성적표를 가지고 1년 더 한다고 해서 잘 되리라는 가능성이 보이지 않는 것이었다. 지금 생각해보면 내가 부모님 입장이라도 부모님과 같은 말을 했을 것 같다.

재수하느냐 마느냐에 대한 의견 충돌은 자주 일어났는데 결국은 돈이 문제였다. 경제적으로 풍족했더라면 재수를 하든 무엇을 하든 의견 충돌이 발생하였을까? 적지 않은 돈이 드는 만큼 투자 대비 결과가 보장되어야만 했다. 부모님께 믿음이 먼저 요구되었다. 우등생이 아닌 이상 어떤 자녀가 부모님께 믿음을 줄 수 있을 것인가? 나는 다시 한번 처절하게 혼자가 될 수밖에 없었다.

우리나라에는 명문대에 입학하면 성공할 것이라는 사회적 통념이 있다. 명문 대학에 입학하면 인생의 많은 것이 나아질 것이라 기대한다. 반면에 명문대에 진학하지 못한 학생들은 뒤처지는 듯한 느낌을 받는다. 일명 지방대생이 되는 것이다. 명문대에 입학하면 행복할 것 같다. 앞으로의 모든 일이 잘 풀릴 것 같다. 그러나 현실은 그렇지 않다. 명문대에 진학한 학생에게 대학 가니 행복한지 한번 물어보라. 당신이 꿈꾸던 학벌, 보장된 취업, 캠퍼스 라이프 같은 것들은 없다는 것을 깨닫게 될 것이다. 대학에 대한 환상은 입학 후 한 달이 채 지나지 않아 깨진다. 한 고개 넘었다고 생각하는 순간 눈앞에 더 큰 고개가 기다리고 있다는 것을 알게 된다. 그동안 생각했던 대학에 대한 가치나 기준에 대해 다시 한번 생각해보게 되는 것이다.

어느 날 명문대에 진학했던 친구가 학업 스트레스로 인해 극단적 선택을 했다는 뉴스를 보았다. 어릴 때부터 영재교육을 받았던 재능 있는 친구였다.

나는 가슴이 찢어지는 듯한 고통을 느꼈다. 친구를 위해 아무것도 해줄 수 없는 상황이 나를 더욱 괴롭게 만들었다. 그런 상황 속에서 왜 좋은 대학에 가야 하는지에 대한 의문은 더욱 커져만 갔다.

몇 년 전부터 대학을 졸업한 후 공무원 시험에 응시하는 사람들이 많아졌다. 왜 수많은 대학생이 열심히 대학 공부를 마치고 공무원 시험을 볼까? 공무원이 되기 위해 대학에 가는 것도 아닌데 너도 나도 공무원 시험을 준비하고 있다. 비싼 등록금 내고 고생해서 졸업한 결과가 공무원 임용이다. 그럴 바엔 차라리 고등학교를 졸업하고 바로 공무원 시험을 준비하는 것이 나을 것 같다는 생각이 든다.

나는 해군사관학교에 다시 한번 도전하기로 했다. 자식 이기는 부모 없다고 했던가. 끈질기게 부모님을 설득한 결과 부모님이 재수를 지원해주기로 하셨다. 사실 설득이라고 할 수 없었다. 아들이 그렇게 하고 싶다고 하니 형편이 좋지 않아도 무리해서 기회를 주신 것이다. 나는 무조건 사관학교에 입학하겠다는 각오로 재수를 시작했다. 두 번 다시 없을 기회가 주어진 만큼 목숨 걸고 공부를 해야만 했다.

대학과 취업, 둘 중 어떤 것도 정답이 아니다. 부모님과 선생님, 친구들, 진학상담사 중 누구도 이 길을 가야 한다고 답해주지 못한다. 우리는 가정과 학교에서 주입된 꿈을 향해 쫓아가고 있다. 부모님이 바라는 것, 사회 통념상

쫓아가던 것, 막연하게 꿈꾸던 것 중 정말 내가 하고 싶은 일은 무엇인가? 하고 싶은 일을 당장 할 수 없다면 그 과정에서 어떤 길을 선택해야 할까? 내가 선택하는 길이 반드시 최선일 필요는 없다. 다만 결정은 스스로 내려야 한다. 어떤 길이든 직접 걸어보기 전에는 알 수 없다. 대학 혹은 취업 중 원하는 길이 있다면 용기 있게 걸어가보자.

03

수능 끝나고 졸업할 때까지가
골든 타임이다

수능을 마치고 집에 있는 시간이 많아졌다. 수능이 끝나니 허탈함이 밀려왔다. 수능이라는 목표 달성 후에 찾아오는 허탈감이었다. 그동안 그렇게 공부하며 쫓아왔던 것이 드디어 끝났다. 결과는 좋지 않지만 어쨌거나 마무리를 지었다. 학교에서도 현장학습 등의 간단한 수업을 하고 일찍 수업을 마쳤다.

'이제 무엇을 해야 하지?'

목적 없는 생활은 생각보다 힘들었다. 입시는 실패했고 다른 대학에 가고자 하는 의지도 없었다. 집에 있을수록 자신을 괴로움 속으로 몰아넣었다.

수능을 마친 친구들이 가장 기대하고 관심을 가지는 것은 대개 2가지였다. 바로 술과 게임이었다. 성인이 되면 술을 마음껏 마셔보고, 그동안 참고 있었던 게임을 실컷 하고 싶어 한다. 많은 친구들이 게임을 시작했다. 친구들은 학교가 끝나면 PC방에 가서 게임을 즐겼다.

친구들이 게임에 빠져드는 모습을 보며 '나는 그러지 말아야지.'라고 다짐했다. 하지만 그것은 착각이었다. 심심해서 한번 건드려본 게임에 무섭게 빠져들고 말았다. 정신을 차려보니 〈스타크래프트〉에 완전히 중독된 나 자신을 발견할 수 있었다. 나 또한 그동안 수능 준비를 하며 참아온 욕구가 한꺼번에 폭발한 것이다.

온종일 게임 생각에 학교만 마치면 게임 하고 싶어 미칠 것 같았다. 학교에 가지 않는 주말이면 밤을 새우는 것은 기본이었다. 집에 부모님이 없을 때 더욱더 게임에 빠져들었다. 오후부터 잠들 때까지 온통 게임밖에 생각나지 않았다. 답답했던 현실을 피하고 싶은 마음에 그랬던 것 같다. 유명인들이 실패를 경험한 뒤 왜 게임에 빠져드는지 알 것 같았다. 게임에 몰두함으로써 내가 처한 답답한 현실에서 조금이나마 벗어나 즐거움을 느낄 수 있었다.

때마침 〈스타크래프트2〉가 출시되었다. 〈스타크래프트1〉을 즐기고 있던 나는 〈스타크래프트2〉에 미친 듯이 빠져들었다. 캠페인 미션을 하면서 가장 쉬운 미션부터 가장 어려운 미션까지 반복했다. 했던 게임을 하고 또 하고, 시간 가는 줄도 모르고 게임만 했다. 〈스타크래프트2〉가 질리기 시작하자 〈콜 오브 듀티〉를 했다. 한번 게임을 시작하면 3일 밤새는 건 기본이었다. 시작한 게임은 끝장을 보고 말았다.

억눌린 욕망은 쉽게 사라지지 않았다. 잠깐 억눌려 있다가 어느 순간 다시 튀어 올랐다. 나는 억눌린 욕망이 이렇게 무서운 줄 몰랐다. 몇 주 동안 게임만 하면서 시간을 보냈다. 이 게임 저 게임을 하며 컴퓨터 앞에만 앉아 있으니 체력이 많이 저하되었다. 정신도 점점 게임에 종속되어 피폐해져갔다. 밤새는 날이 늘어나다 보니 건강이 악화되었다.

나는 밖으로 나가기로 했다. 일단 지친 몸을 회복해야 했다. 매일 오후 집 앞에 있는 금정산을 올랐다. 높이 올라가지는 않고 1시간 거리에 있는 약수터까지만 올라갔다. 우리 가족은 수돗물이나 정수기 물을 마시지 않고 15년 가까이 금정산 약수를 마시고 있었다. 등산을 너무나 좋아하시는 아버지는 매일 금정산을 등반하시며 약수를 받아 오셨다. 늘 그 모습을 보던 나는 집에 빈 페트병이 생기면 챙겨가서 약수를 받아 오기 시작했다. 등산이 조금 힘들 때면 집 앞에 있는 온천천을 걸었다.

산을 오르고 온천천을 걸으며 건강이 조금씩 회복됐다. 무작정 걸으며 앞으로 어떻게 해야 할지 곰곰이 생각했다. 근육에 힘이 붙고 몸에 활력이 생겨났다. 우울한 마음이 완전히 가시진 않았지만 우울함에 젖어 있는 시간은 현저히 줄어들었다. 그때 "건강한 몸에 건강한 정신이 깃든다."라는 말의 의미를 깨달았다. 체력이 회복되며 활력을 되찾은 나는 게임을 끊었다. 한동안 원 없이 실컷 즐겼더니 게임을 하고 싶은 생각이 한순간에 사라졌다. 컴퓨터에서 게임을 모두 삭제했다. 게임을 그만두니 내가 마주한 차가운 현실이 다가왔다. 해군사관학교 입시 실패, 수능 5등급이 내 초라한 성적표였다. 집에 있으니 답답한 마음이 가중되어 도서관에 다니기 시작했다. 시간이 지나며 점점 도서관에 익숙해져갔다. 다양한 책을 읽으며 진로에 대해 고민을 했다.

어느 날 도서관 휴게실 문에 붙어 있는 재즈콘서트 포스터를 보았다. 프랑스에서 활동하는 재즈 가수 나윤선 콘서트 포스터였다. 티켓 가격도 부담 없어서 콘서트에 가기로 했다. 학교 바로 밑에 있는 문화회관이라 거리 부담이 없었다. 마침 학교 수업을 마치고 콘서트에 가면 딱 맞을 시간이라 망설임 없이 티켓 예매를 했다. 난생처음 듣는 재즈 음악이었다. 마음이 많이 지쳐 있던 나에게 음악이 큰 위로가 되었다. 눈을 감고 가만히 재즈 음악을 듣는 것만으로도 마음에 즐거움이 찾아왔다.

콘서트가 끝나고 나윤선이라는 사람이 궁금해졌다. 인터넷에서 검색해보았다. 나윤선은 대학을 졸업하고 직장 생활을 하던 중 27살의 나이에 직장을 그만두고 프랑스로 유학을 갔다. 재즈 음악에 매력을 느끼고 프랑스 음악대학에 입학했으나 노래를 너무 못해 3곳의 학교를 동시에 다녔다. 음악대학을 졸업하고 한국에 돌아오지 않고 프랑스 현지에서 음악 활동을 하며 자신의 경력을 쌓아갔다. 나윤선은 프랑스를 넘어 유럽인들의 마음을 사로잡으며 국내보다 국외에서 더욱 유명한 재즈 가수가 되었다.

나는 나윤선을 보며 크게 감명받았다. 무엇보다도 도전정신이 정말 대단했다. 이제 20살이 되었음에도 이러지도 저러지도 못하는 나는 꿈을 향해 도전하는 나윤선의 삶이 멋져 보였다. 27살의 나이에 잘 다니던 직장을 그만두고 유학을 선택했다는 것이 대단하게 느껴졌다. 나는 재수를 하면 한 해 늦게 진학하는 것도 걱정했다. 너무나 작은 문제도 크게 느꼈다. 남들보다 뒤처지는 것 아닌가 하는 생각이 들었기 때문이다. 가수 나윤선을 보며 내가 얼마나 작은 일로 고민하고 있는지 깨닫게 되었다. 27살에도 다 내려놓고 떠나는데 20살에 다시 한번 도전하는 것은 큰일도 아니었다. 꿈 앞에서 나이는 별로 중요하지 않다. 27살의 나이에도 자신이 가진 것을 내려놓고 꿈을 향해 나가는 사람이 있다.

나는 재수하기로 했다. 오로지 나 자신에게만 집중해야겠다는 생각을 했다. 나의 진로에 대해 남들이 어떻게 생각할까 고민하는 것은 의미가 없다. 생각보다 남들은 나에게 관심이 없다. 내가 무엇을 하든 하지 않든 관심이 없다. 각자의 길을 걸어가기에도 바쁜 것이 현실이다. 다시 한번 도전해서 해군사관생도가 되기로 마음먹었다. 혼자만의 결심으로 재수를 할 수 없다는 것이 문제였지만 마음을 다잡은 것에 감사했다. 그리고 재수하겠다는 결심을 부모님께 어떻게 말씀드릴지 고민하기 시작했다. 문제는 잃어버린 신뢰를 어떻게 회복하느냐였다. 알맹이 없는 수능 점수와 수능 이후 시간을 나태하게 보내는 모습을 보여드린 것이 나의 초라한 현주소였다. 원하는 꿈을 이루기 위해서는 정면으로 다가갈 수밖에 없었다. 재수하고 싶다고 솔직하게 이야기하는 것 외에는 방법이 없었다. 반대이든 찬성이든 그것은 다음 문제였다.

수능이 끝나고 졸업할 때까지가 골든 타임이다. 수능 이후 약 3개월 정도의 여유로운 시간이 주어진다. 이 시간을 놀고 즐기는 데만 쓰지 말고 자신에게 투자하는 시간으로 활용하자. 물론 수능이 끝났으니 놀아도 좋다. 그동안 공부에 집중하느라 제대로 놀지 못했으니 충분한 휴식을 취하자. 휴식을 취하되 적절한 긴장을 가지도록 하자. 너무 정신을 놓고 있는 것은 좋지 않다. 나는 게임에 중독되어 많은 시간을 흘려보냈다. 시간이 어떻게 지나가는 줄도 모르고 몇 주, 몇 달을 보냈지만 남는 것은 아무것도 없었다. 수능이 끝나고 졸업할 때까지의 자유로운 시간은 앞으로 두 번 다시 가지기 힘든 귀한 시간이다. 황금 같은 시간을 온전히 자신을 위해 쓰자. 적극적으로 진로 탐색을 하고 자신이 가야할 길에 대해 고민하는 시간을 가져라.

멋진 외적인 모습 뒤에는 그만큼의 대가가 있다

해군 하면 가장 먼저 떠오르는 이미지는 무엇일까? 아마 '멋있다'는 것이 가장 먼저 떠오를 것이다. 그러나 어떤 일이 정말 멋있어 보여도 그것이 자신의 직업이 되면 멋은 곧 사라진다. 멋진 군함의 위용 뒤에는 군함을 움직이고 있는 승조원의 보이지 않는 땀이 숨어 있다. 하얀 제복을 입기 위해서는 그만큼의 사명감과 희생정신이 요구된다.

취업난 시대,
직업군인이 대세다

충주함에서 영내 생활을 할 때 심심할 때 했던 일이 있다. 바로 인트라넷 근무지 검색에서 친구들의 이름을 검색해보는 것이었다. 당시엔 영내 하사는 스마트폰 사용이 허용되지 않았다. 그러다 보니 가끔 휴일에 심심할 때 한번 씩 친구들의 이름을 검색해보곤 했다. 영외거주 허가를 받은 후에 스마트폰 을 사용할 수 있었다.

친구들은 육군, 공군 등 다양한 군에서 복무하고 있었다. 그중에는 나보다 일찍 부사관으로 입대해서 이미 부사관 생활을 하던 친구들도 있었다. 친구 들이 정복 입고 찍은 사진을 보니 신기했다. 아는 친구들 이름을 다 검색해보 니 3명의 친구가 부사관이었다. 모두 중학교 동창들이었다. 3명 모두 육군에 서 하사 계급을 달고 있었다. 2명은 보병, 1명은 전차부대에서 근무하고 있었다. 나는 친구들에게 인트라넷 메일을 보내 안부를 물었다. 다들 바쁘지만 군 생활 열심히 하고 있었다. 한 친구는 강원도에서 근무하는데 매일 눈 치우느라 짜증 난다며 불평을 했다. 23살에 결혼한 친구도 있었다. 그 친구를 보며 나는 직업군인의 장점에 대해 인식하기 시작했다.

보통 부사관으로 입대하는 연령대는 20살 전후이다. 일찍 부사관으로 진로를 정했다면 고등학교를 졸업하고 바로 입대할 수도 있다. 보통은 20~22살의 연령대이고 조금 늦는다면 전문대를 졸업하고 23살 정도였다. 부사관으로 입대하면 정기적으로 급여를 받는다. 공무원에 준하는 급여를 받는데 이제 막 20살이 된 청년에게는 제법 큰돈이었다. 나는 입대 전에 식당 서빙 아르바이트를 하며 60~70만 원 정도의 돈을 벌었다. 2012년 당시 100만 원 조금 넘었던 하사 급여는 나에게 굉장히 큰돈이었다. 가장 좋았던 점은 경제적으로 부모님으로부터 독립했다는 것이었다.

6개월간 영내 생활을 하면서 제법 돈이 모였다. 후반기 교육 4개월에 실무 생활 6개월까지 약 10개월간 돈을 모았다. 밖에 나갈 일이 없으니 영내 하사가 돈 쓰는 일은 뻔했다. 주말에 동기들과 복지관에서 치킨, 피자를 사 먹거나 점호 끝나고 수병들과 야식 먹는 데만 돈을 썼다. 그러다 보니 군인 공제는 군인 공제대로 돈이 모이고, 급여통장에도 현금이 두둑이 쌓여갔다. 주머니가 풍족해지니 군 생활도 제법 할 만하다는 생각이 들기 시작했다.

신형 호위함 전북함에서 근무할 때였다. 당시 전북함은 새로 건조되어 해군에 인수된 지 얼마 안 된 따끈따끈한 배였다. 전북함이 정박 중인 부산 해군작전사령부와 집이 가까워 집에서 출퇴근하였다. 카키색 하근무복을 입고 출근하던 중 아파트 엘리베이터에서 중학교 동창을 만났다.

그 친구는 대학을 졸업하고 장교로 복무한 뒤 대학교 조교로 근무하는 친구였다. 서로 근황을 물으며 대화를 나누다가 내가 해군 부사관으로 근무하고 있다고 얘기했다. 그랬더니 친구가 "아~ 나도 군대에 남아 있을걸! 요즘 너무 힘들다. 전역한 게 후회된다…"라고 말하며 현재 자신의 처지에 만족하지 못하고 있다고 말했다. 그 이야기를 듣고 또래 친구들이 처한 취업의 현실과 어려움이 피부에 와닿았다.

최근 청년들의 취업난은 날이 갈수록 어려워지고 있다. 대학교를 졸업하더라도 마땅한 직장을 구하지 못한 청년들이 너무나도 많다. 통계청의 2020년 12월 연간 고용 동향에 따르면 15~29세의 실업률은 8.1%에 이른다. 그만큼 취업이 어려운 상황이다. 코로나19 사태로 인해 시간이 지날수록 취업난은 더욱 심각해지는 추세이다.

이런 불안정한 사회 분위기 속에서 우리는 어떻게 해야 할까? 만약 정말 원하는 대학과 전공에 합격해서 공부했다면 문제가 없다. 문제는 원하지 않는 학교 또는 전공으로 대학에 간 경우 발생한다. 관심 없는 전공에 재미를 붙일 수 있겠는가? 아마 쉽지 않을 것이다. 대학은 가야겠고, 등록금은 비싸고, 부모님의 기대는 크다. 공부가 적성에 맞지 않는데 남들은 다 대학에 진학한다. 대학에 가더라도 딱히 비전이 보이는 것도 아니다. 막상 대학에 입학해보니 기대했던 만큼 만족스럽지도 않다. 입학하기 전까지는 대학만 가면 모든 것이 행복할 줄 알았는데 말이다.

경제적인 문제는 더욱 심각하다. 국립대가 아니라면 등록금이 비싸다. 학교가 집 근처에 있지 않다면 타지 생활에 드는 생활비도 만만치 않다. 부모님이 대학 졸업까지 경제적으로 뒷받침해주지 않는다면 학자금대출을 받아야 한다. 대학교를 졸업할 때까지 각종 아르바이트를 전전하며 돈에 대한 고민을 수없이 할 수밖에 없다. 나는 친구의 이야기를 듣고 많은 생각이 들었다. 친구들보다 존재감 없고 공부도 못하고 별 볼 일도 없었던 나였는데 대학 졸업 이후의 삶은 정반대로 펼쳐지고 있었다.

부산에서 근무하면서 가족과 보내는 시간이 많아졌다. 하루는 아버지와 집 근처 식당에서 고기를 먹고 들어가며 이야기를 나누었다. "친구 아들이 육군 병 전역을 했는데, 부사관 입대할까 고민 중이라더라."라고 하셨다. 대학 공부 하면서 군대도 다녀왔고 취업 준비를 하면 될 텐데 뒤늦게 왜 그런 선택을 할까? 지난번 출근길에 만났던 친구에 이어 나는 또다시 생각에 잠겼다.

나는 대학 진학을 하지 않고 해군에 입대했기 때문에 취업난의 현실을 직접 경험해보지 못했다. 대학교 진학할 때는 친구들이 부럽기도 했다. 나는 재수에 실패했고 합격한 대학도 가지 않았다. 친구들과 연락도 자연스레 끊겼다. 친구들과 할 얘기도 없었다. 친구들은 대학 생활을 하고 있어서 공유할

이야기 소재도 없었다. 서로의 환경이 다르다 보니 나 스스로 친구들을 피하게 됐다. 공부 잘하는 친구들은 승자고 공부 못하는 나는 패자로 느껴졌다. 그래서 공부가 아닌 나름의 돌파구를 찾아야 했다. 매일같이 머리를 싸매고 치열한 고민 끝에 내린 결론은 해군 부사관으로 입대하는 것이었다. 내가 처한 상황에서 제일 나은 선택이었다.

나는 해군에 입대해서 꼬박꼬박 급여를 받았고 돈이 꽤 모였다. 친구들은 대학 졸업과 동시에 학자금대출 빚 수천만 원을 안고 사회생활을 시작했다. 25~26살 정도가 됐을 때 나는 3천만 원 정도의 돈을 모았다. 친구들은 3천만 원 정도의 빚이 있었다. 사회생활 시작부터 6천만 원의 차이가 나는 것이었다. 뒤늦게야 내 선택이 그리 나쁜 선택은 아니었다는 것이 실감 났다.

어차피 공부에 소질이 없는데 일찌감치 다른 길을 찾길 잘했다는 생각이 들었다. 실컷 대학 공부 해놓고 뒤늦게 회의감이 든다면 안 하는 것만 못하다. 그동안 들였던 등록금, 시간, 노력을 돌아보면 아깝다는 생각이 들지 않겠는가? 내가 합격했던 대학에 진학하지 않은 이유이기도 하다. 자연계였던 나는 수학과 과학 성적이 좋지 않았는데 조선공학과에 합격했다. 대학에서 무엇을 보고 합격시켰단 말인가? 나는 이 학교에 진학한다면 도중에 그만둘 것이 분명해보여서 진학을 포기했다.

많은 사람이 대학에 진학한다. 그러나 왜 대학에 진학해야 하는가에 대해서는 진지하게 고민해보지 않는다. 다들 대학 가니까, 취업하기 위해서, 원하는 직업을 얻는 데 필요한 공부라서 등…. 주변에 명확한 이유를 설명해줄 수 있는 사람이 별로 없다. 선생님들은 좋은 성적을 받아서 사범대학에 진학하고 임용고시에 합격해서 지금까지 교직 생활을 하고 계신다. 좋은 대학, 좋은 직장에 취업하기 위해서라는 답변에서 크게 벗어나지 않는다. 왜 대학에 가려고 하는지 자신에게 물어보았으면 좋겠다. 하기 싫은 공부를 억지로 할 필요는 없다. 대학 졸업이 취업을 보장해주는 시대는 이미 지나갔다. 시대의 흐름은 빠르게 흘러가고 있다.

최근 코로나19로 인해 대학의 역할이 다시 한번 도마 위에 올랐다. 비싼 등록금을 내고 명문대에 입학한 학생들이 원격수업에 만족하지 못하고 등록금 환불을 요구하고 있다. 교육의 질이 문제로 떠올랐고 학생들을 모집하지 못해 문을 닫을 위기에 처한 대학이 많아졌다. 이런 상황 속에서 우리는 어떤 선택을 해야 할까? 대학을 취업의 필수 코스라고 생각한다면 대학에 진학하면 된다. 그러나 그렇지 않다면 직업군인이 괜찮은 대안이라고 생각한다. 군 복무와 취업, 안정적인 생활을 동시에 해결할 수 있는 직업군인으로 입대하는 것은 어떨까?

05

수능 끝,
무슨 일을 해야 할까?

"만일 패배의 마음을 갖고 있다면 그 마음을 뿌리 뽑아야 한다. 패배를 생각하면 패배하기 때문이다. 그러므로 패배를 믿지 않는 태도를 가져야 한다."

– 노먼 빈센트 필

성공하기 위해서는 패배의식을 가지고 있어서는 안 된다. 한번 실패한 사람이 또다시 실패할 확률은 마음속에 실패에 대한 마음을 얼마나 가지고 있느냐에 의해 좌우된다. 나는 첫 대입에서 실패한 이후 내 마음속에 '또다시 실패하면 어쩌지?'라는 마음을 계속 품고 있었다. 열심히 공부해도 100%의 노력을 쏟지 못하고 계속 불안해했다. 결국 스스로 실패할 수밖에 없는 방향으로 흘러가고 있던 것이다.

두 번째 수능이 끝났다. 결국 다시 한번 쓰디쓴 실패를 맛보았다.

'아…! 나는 왜 이렇게 되는 일이 없을까? 나는 잘하는 게 하나도 없어.'

점점 패배의식에 물들었다. 자존감이 바닥까지 떨어졌다. 부모님은 수능 끝났으니 이제 부산으로 내려오라고 하셨다. 그동안 서울에서의 학원비, 고시원비와 생활비를 부모님께서 지원해주셨다. 그런데 시험이 끝났으니 더 있을 필요가 없는 것이다. 결과가 초라하니 더 할 말도 없었다.

나는 고민되었다. 이대로 내려가면 내가 원하는 길을 갈 수 없을 것 같았다. 나는 일단 알겠다고 말하고 어떻게 하는 것이 좋을지 고민했다. 나는 서울에 남아 있기로 했다. 지금 당장 수능 성적표는 초라했다. 부산에 있는 것보다 서울에서 더 많은 기회를 찾을 수 있을 것이라는 생각이 들었다. 부모님께 전화해서 서울에 남아 있겠다고 말했다. 부모님은 나를 이해하지 못하셨다. 처지를 바꿔 생각해보면 나라도 그랬을 것 같다. 아무것도 내세울 것이 없으니 말이다.

이후로 부모님과 연락을 잘하지 않았다. 입이 10개라도 할 말이 없는 것이 내 현실이었다. 동생은 수능을 잘 보고 부산대학교에 진학했다. 동생은 보란 듯이 해내는데 나는 돈은 돈대로 쓰고 아무런 결과도 내지 못하니 참담한 마음이었다. 아무것도 가진 것이 없었다. 돈도 없고 희망도 보이지 않았다. 당장 먹고사는 문제에 부딪혔다. 때마침 군대 입영 통지서도 받았다. 이대로 있다가는 어영부영 있다가 육군 현역병으로 입대하게 될 상황이었다. 나는 홀로서기를 해야 할 때라는 생각이 들었다. 돈도 없고 아무것도 가진 것이 없는 상황이 나를 절박하게 만들었다.

재수할 때 월 40만 원 정도의 고시원에서 생활했다. 부모님이 경제적인 지원을 해주셨기 때문에 가능했다. 수능이 끝난 나는 주머니에 돈 한 푼 없었다. 부모님께 생활비 요구를 하지 않았다. 결과를 내지 못한 것에 대해 죄송한 마음이 들었다. 부산에서 편하게 있는 것보다 나 스스로 일어서는 기회가 필요했다. 부모님의 눈치를 보지 않고 혼자 있는 시간이 절실히 필요했다.

나는 기존에 있던 고시원에서 10분 거리에 있는 고시원으로 옮겼다. 1.5평에 보증금 10만 원, 월 23만 원을 내는 고시원이었다. 쉽게 말해 동네에서 제일 싼 고시원인 것이다. 입구부터 퀴퀴한 냄새가 풍겼다. 주로 건설업에 종사하는 분들이 지내다 보니 땀 냄새와 체취, 방향제 냄새가 섞여서 나는 냄새였다. 음습한 분위기에 별로 내키지 않았지만 그런 것을 따질 때가 아니었다. 나는 바로 입주를 하고 짐을 옮겼다. 짐 정리를 하고 나니 그곳마저 나에게 따뜻한 안식처로 느껴졌다.

당장에 거주지는 해결했으니 이제 수입이 필요했다. 건대 입구 부근의 식당에서 아르바이트를 시작했다. 학교를 떠나 처음으로 사회에 첫발을 내디뎠다. 처음에는 그냥 식사만 하는 식당인 줄 알았는데 저녁에는 식사, 야간에는 술집 컨셉의 퓨전 레스토랑이었다. 나는 건대 입구가 술집이 많은 곳인 줄도 잘 몰랐다. 식당의 손님들은 대부분 술을 마셨고 식당 내에서 담배도 많이 피웠다. 술, 담배를 하지 않던 나에게는 최악의 환경이었다. 근무시간은 저녁 6시 30분부터 12시 30분까지였다. 그러나 손님들이 늦게까지 가지 않는 날에는 새벽 2~3시까지 근무하는 날이 흔했다. 물론 근무한 시간만큼 돈을 더 받긴 하지만 그것보다는 푹 쉬고 다음 날 좋은 몸 상태로 일하고 싶었다. 설상가상으로 사장님이 술을 너무나 좋아하는 분이었다. 그래서 근무가 끝나고 새벽 4~5시까지 술을 마시고 노래방에 가는 날이 많았다.

"사장님, 오늘은 일찍 들어가보겠습니다."

"야, 일 끝났으면 술 한잔해야지. 가긴 어딜 가?"

"몸 상태가 좋지 않아서요. 오늘은 푹 쉬었으면 좋겠습니다."

"너는 너밖에 생각할 줄 몰라서 문제야. 나는 투잡 하고 있는데 안 피곤한 줄 아나?"

거의 매일 퇴근 시간이 되면 펼쳐지는 시나리오였다. 식당 홀에는 테이블이 11개가 있는데 직원이 나 혼자밖에 없었다. 가끔 단체 손님이 와서 피곤한 날에는 일 끝나고 바로 고시원에 가서 쉬고 싶을 때가 있었다. 그런 날일수록 사장님은 같이 술을 마시러 가자고 했다. 사정을 솔직하게 이야기해도 막무가내였다. 단골손님들과 늦게까지 술 마시고, 친구들 오면 새벽까지 술 마시고, 야식 먹고 노래방 투어를 다니는 것이 일상이었다.

최저시급이 4,500원이었던 때라 한 달에 60~70만 원 정도의 돈을 벌었다. 그 돈으로 고시원비, 통신비, 식비 등으로 사용하고 나면 수중에 용돈은 10~20만 원 남짓한 돈이 남았다. 그 돈으로 서울에서 즐길 수 있는 것은 거의 없었다. 주변의 지인들은 서울에 있는 동안 여러 군데 다니면서 즐기기도 하라고 했지만 그러기 힘들었다.

식사도 제대로 해결하지 못했다. 아침에는 우유에 시리얼을 타서 먹고 점심, 저녁은 대충 라면으로 때웠다. 돌도 씹어먹을 나이에 라면 하나로는 양이 부족했다. 당시 라면 한 봉지에 700원 정도였다. 700원 하는 라면 2개를 한 번에 먹기 아까워서 300원 하는 라면 사리를 넣어서 양을 불려 먹었다. 라면과 함께 고시원에서 제공해주는 밥과 김치로 식사를 해결하는 날이 많았다. 어머니가 부산에서 반찬을 종종 보내주셨지만, 나중에는 반찬 안 보내주셔도 괜찮다고 했다. 공용 냉장고에 넣어두면 다른 사람의 반찬을 꺼내먹는 사람들이 있었기 때문이다.

노동으로 최소한의 생계를 해결하고 나머지 시간에는 꿈에 대해 생각했다. 앞으로 어떻게 살아가야 할지, 어떻게 하면 성공할 수 있을지를 고민했다. 서점은 나에게 최고의 놀이터였다. 서점에 가서 책을 보는 것이 즐거웠다. 서점에 있는 책 속에는 성공자들의 이야기가 가득 담겨 있었다. 그들의 이야기를 보며 나는 꿈을 키워갔다. 모든 것이 두렵고 막연한 20대 초반에 책을 통해 긍정적인 힘을 얻고자 했다. 서울에는 대한민국에서 가장 큰 서점들이 있었다. 나는 광화문 교보문고를 가장 좋아했다. 관심 있는 작가의 신간이 나오면 참지 못하고 서점으로 가서 보곤 했다.

나는 서점에서 책을 보고 나면 항상 제자리에 내려놓아야만 했다. 가지고 있는 돈이 부족했기 때문이다. 읽고 싶은 책은 한가득인데 한 달에 10만 원 남짓한 용돈으로 책을 사기에는 너무 부담스러웠다. 가끔 새벽 근무를 많이 하는 달에는 조금 여유가 있어서 2~3권 정도 사서 봤다. 보고 싶은 책을 살 수 없다는 현실이 너무나 씁쓸했다. 수시로 교보문고에 갔지만, 항상 빈손으로 돌아왔다. 나중에 돈을 많이 벌면 서점 가서 수십만 원어치의 책을 사서 쌓아두고 보겠다고 다짐하곤 했다.

모리오카 츠요시는 『하고 싶은 일이 뭔지 몰라서 고민하는 너에게』에서 이렇게 말했다.

"사람이 가장 힘들고 괴로울 때는 자기평가가 극단적으로 낮아졌을 때야. 자기 자신이 스스로의 존재가치를 의심하는 상황에 몰렸을 때란다."

사회에 첫발을 내디디며 느꼈던 점 중 가장 인정하기 힘들었던 점이 있다. 바로 내가 가지고 있는 것이 아무것도 없다는 것이었다. 아무것도 없다는 것을 인정하는 순간부터는 성장과 발전밖에 없다. 부모님, 학교처럼 내 뒤에서 지원해주거나 내가 소속된 것들은 나를 정의하지 못한다. 나는 철저히 혼자가 되는 경험을 하고 난 이후부터 성장하기 시작했다.

장기복무를 목표로 입대하자

1명의 부사관을 양성하는 데는 많은 시간과 비용이 든다. 이는 의무복무만 마치고 다시 사회로 돌려보내기 위함이 아니다. 장기복무로 해군에 오래 근무할 수 있는 베테랑 부사관을 양성하기 위해 투입되는 것이다. 입대 전에 준비를 철저히 하고 자신의 군 복무 설계를 하고 난 후에 입대해야 한다. 4년만 하고 나올 바에는 차라리 병으로 입대해서 2년만 하는 것이 낫다.

06

대학 안 가도
괜찮아

"여러분들은 현재가 미래와 어떻게든 연결된다는 것을 알아야 합니다."

– 스티브 잡스

애플의 창업주이자 CEO였던 고 스티브 잡스는 2005년에 스탠퍼드 대학에서 인생의 점들의 연결에 관한 연설을 하였다. 현재의 나는 미래와 연결된다는 것이다. 지금 당장 원하는 대학에 진학하지 못하더라도 너무 절망하지 말자. 지금의 고민, 좌절, 생각, 선택들은 미래의 나와 지금의 나 사이에 있는 연결고리다. 다만 미래가 지금 당장 보이지 않기 때문에 현재가 힘들게 느껴지는 것이다. 현재 일어나는 모든 일은 미래의 내가 만들어져가는 점들이다. 그 점들이 하나씩 연결되며 지금의 내가 만들어진다.

해군에 몸담은 이후 8년이 지난 지금 지난 시간을 돌아보았다. 그때 나는 순간순간의 선택들이 모두 선으로 이어져 있다는 것을 깨달았다. 나는 해군 사관학교 진학에 2번 실패했고 대학에 입학하지 않았다. 당시 상황 속에서 내가 할 수 있었던 최선의 선택은 해군 부사관으로 입대하는 것이었다.

부사관으로 입대해서 보니 해군사관학교는 나에게 적합하지 않은 곳이라는 것을 깨닫게 되었다. 만약 해군사관학교에 입학했더라면 사관생도 생활과 장교 생활에 잘 적응하지 못했을 것이다. 당시에는 실패로 보였어도 결과적으로는 실패가 아니었다. 10년 전 대학에 진학하지 않은 것도 실패가 아니었다. 물론 그로부터 10년 후에 대학 신입생이 되었지만 말이다.

만약 내가 합격했던 대학에 진학했다면 지금쯤 무엇을 하고 있을까? 아마 어중간한 성적을 유지하고 있을 것이다. 대학에 대한 회의감에 중간에 휴학도 했을 것 같다. 군대를 다녀오고 다시 한번 진로에 대한 고민에 빠져 있을 것이다. 외국에 나가기를 원했던 나는 워킹홀리데이를 갔을 것이다. 워킹홀리데이를 하며 돈을 모으다가 외국 생활이 마음에 들어 눌러앉았을 것 같다. 만약 외국 생활을 정리했다면 한국으로 들어와서 대학 졸업 후 취업 시장에 뛰어들지 않았을까? 그렇게 다른 길을 걸으며 현재의 나와 비슷한 시기에 서 있을 것이다. 둘 중 어떤 삶이 낫다고 판단할 수 없다. 해군의 선택은 해군의 선택대로, 대학의 선택은 대학의 선택대로 가치 있는 삶을 산 것이기 때문이다.

코로나19로 인해 취업 시장은 예전보다 더욱 꽁꽁 얼어붙었다. 공채는 점점 줄어들고 경력사원을 선호하는 추세이다. 취준생 시절 또한 만만치 않다. 좋은 대학에 좋은 성적, 지원하는 직무에 대한 경력이 없다면 취업문은 낙타가 바늘구멍 통과하는 그것만큼 좁다.

요즘 대학 졸업자들의 근황은 인터넷에서 검색 한번만 해보더라도 한눈에 알 수 있다. 취업난이 하루 이틀의 일이 아니기 때문이다. 취업이 어려운 탓에 졸업을 늦추는 대학생들도 늘어나고 있다. 대학생이지만 5학년 혹은 6학년을 다니고 있는 현실이다. 대학교 5, 6학년이라고 하니 조금 웃길 수도 있으리라 생각한다. 그렇지만 이것은 대학을 진학하고 몇 년 후 마주하게 될 현실의 모습 중 하나이다. 대학에 입학한 후에 만나게 될 선배들의 모습이기도 하다. 그만큼 대학 졸업자들의 취업은 쉽지 않은 분위기이다.

"나 며칠 전에 퇴사했어."

친구 H와 근황을 나누던 중 퇴사했다는 이야기를 들었다. H는 부산에 있는 대학을 졸업하고 이름을 들으면 누구나 아는 회사에 취업했다. 처음 입사했다는 소식을 들었을 때 진심으로 축하해줬다. H의 적성에 잘 맞겠다는 생각을 했다. 연봉도 괜찮은 편이었지만 H는 입사 2년 후 퇴사했다. 좋은 직장에 힘들게 들어갔는데 왜 퇴사했는지 물어봤다. H는 적성에 맞고 연봉도 좋지만 미래가 보이지 않아서 퇴사했다고 말했다. 나는 아무리 좋은 직장에 연봉이 높아도 자신의 가치관과 맞지 않으면 의미가 없다는 것을 느꼈다.

학생 대부분은 대학에 진학하기를 원한다. 대학에서 우수한 성적을 받아서 좋은 기업에 취업하기를 원한다. 기대를 품고 대학에 진학해도 현실은 생각했던 것과 다르게 펼쳐진다. 입학한 지 얼마 되지 않아 대학 생활에 회의감이 들어 휴학 또는 자퇴를 하는 대학생도 많다. 졸업을 앞두고 취업 준비를 하면 더욱 고민이 많아지게 된다.

나는 네이버 카페 〈해군부사관취업진로연구소〉를 운영하고 있다. 이곳의 회원들은 종종 해군 부사관에 지원하고 싶은데 대학을 가는 것이 좋겠냐고 질문한다. 회원마다 다르지만 나는 장기복무 부사관이 되고 싶다면 대학에 가지 않는 것을 추천한다. 단기복무를 생각하거나 부사관 이후의 진로도 고민하는 회원에게는 대학에 입학하는 것도 괜찮다고 조언한다. 부사관 생활을 하는 데 대학이 필수 조건은 아니다. 따라서 지금 당장 대학 공부에 별로 뜻이 없다면 일찍 부사관으로 입대하기를 권한다.

나는 이 질문에 대답하기 위해 입대 전의 일을 떠올렸다. 대학과 부사관 입대를 고민하던 때이다. 나 역시 대학에 왜 가야 하는지 몰랐다. 성적에 맞춰서 가기보다는 진학하지 않는 것을 택한 것이다. 원하지 않는 공부를 억지로 한다고 해서 나중에 흥미가 생기는 것도 아니라고 생각했다. 대학이 취업의 보증 수표는 아니라고 생각했다. 그렇다고 어디에 취업해야겠다는 뚜렷한 목표도 없었다. 그렇지만 해군 군함을 탔던 경험은 나의 가슴을 뛰게 하는 경

힘이었다. 가서 배를 타게 될지 어디서 근무하는지 아는 것은 없었지만 꼭 가고 싶다는 마음이 들었다. 대학은 지금 당장 못 간다면 나중에라도 가면 된다고 생각했다. 정말 공부하고 싶은 마음이 생긴다면 군 복무 중에 공부할 수도 있다. 군 복무 중에 못 한다면 전역하고 시작하면 된다고 생각했다.

나는 전역 후에 외국 대학에 진학하기 위해 국내 대학교 신입생으로 입학해서 공부하고 있다. 30살에 대학교 신입생이 된 것이다. 내가 필요하고 원해서 하는 공부이기 때문에 아무런 거리낌이 없다. 아무도 나에게 무슨 대학 나왔는지 물어보지 않는다. 그저 필요해서 공부를 시작한 것이고 지금 그 길을 걷고 있을 뿐이다.

부모님의 만류에도 불구하고 나는 해군 부사관으로 입대했다. 불확실한 미래를 좇아가느니 차라리 내 마음이 가는 곳으로 가기로 한 것이다. 물론 해군 생활을 하면서 온갖 궂은일을 겪으며 힘든 시기도 거쳤다. 바다에 뛰어들어 죽고 싶을 만큼 힘들었던 적도 많았다. 하지만 결과적으로 그런 경험들이 나를 강하게 단련시켜주었다. 편안했던 시간보다 힘들고 어려웠던 경험들이 나를 한층 더 성장시킨 것이다. 해군에 몸담고 있을 때는 하루하루 견뎌내는 것이 벅차 이런 생각을 하지 못했다. 사회인이 되어 뒤를 돌아봤을 때 깨달았다. 모든 경험은 나를 단단하게 만들고 성장시키는 자양분이었다는 것을.

나는 대학에 안 가도 괜찮다고 생각한다. 꼭 본인의 판단과 결정에 따라 진학을 하라고 말하고 싶다. 부모님의 기대, 남들이 다 가니까, 구체적인 목표

없이 진학할 필요는 없다. 대학 이후에 정말 내가 하고 싶은 일이 무엇인지 생각해보고 목표 설정을 해보자. 구체적인 목표가 있다면 그에 따른 공부 방향도 잡을 수 있을 것이다.

우리의 삶은 순간의 선택들이 모여서 이루어진다. 이러한 선택들이 하나씩 연결되며 나의 미래가 만들어져간다. 지금 당장은 알 수 없지만, 훗날 뒤를 돌아봤을 때 깨달을 수 있다. 그러니 진로에 대해 너무 스트레스 받지 않았으면 한다. 마음이 이끌리는 길을 용기 있게 선택하라. 지금 내 상황에서 최선의 선택이라고 생각하는 것을 믿고 나아가자.

대학에 진학해도
늘 불안하고 두렵다

나는 초등학교 1학년 때부터 3학년까지 바둑 학원에 다녔다. 바둑은 내 성격에 너무나 잘 맞았다. 나는 바둑에 완전히 빠졌다. 아침에 일어나면 바둑 TV를 보고 바둑책을 수없이 보며 정석을 공부했다. 바둑을 잘 두는 삼촌에게 온종일 바둑 두자고 조르고 보챘다. 나에게 바둑은 공부가 아니라 놀이였다. 학교를 마치면 바둑 학원에 같이 다녔던 친구 집에 가서 바둑을 두곤 했다. 바둑돌을 만지는 것만으로도 너무 즐거웠다.

초등학교 4학년으로 진학하던 즈음 어머니는 나에게 이제 바둑 학원은 그만 다니고 공부를 해야 한다고 말씀하셨다. 당시 나의 바둑 급수는 빠르게 올라가고 있을 때였다. 중급반 수업을 거쳐 고급반으로 올라갈 시기여서 나는 더욱 재미를 붙이고 있었다.

"엄마, 나는 바둑이 재밌어서 바둑을 계속 배우고 싶어."

부모님께 바둑이 좋다고 말했지만 나는 결국 공부를 하는 종합학원으로 옮기고 말았다. 그때부터 하기 싫은 공부의 늪에 빠져버렸다. 나의 모든 성적은 학원에 의해 만들어진 것이었다. 매 맞지 않기 위해 숙제를 하고 시험을 보았다. 기준 성적을 받지 못하면 체벌이 있었기 때문이다. 그동안 나는 바둑학원을 왜 다녔던 것일까?

H는 고등학교를 졸업하고 곧바로 NASA의 우주비행사를 배출하는 미국 명문 항공대에 진학했다. 외국에 너무나 가고 싶었던 나는 H가 미치도록 부러웠다. 나는 꿈만 꾸고 상상만 하던 일을 H는 실현하고 있었기 때문이다.

그러나 H는 개인적인 어려움으로 인해 고민 끝에 2년간의 유학 생활을 정리하고 귀국했다. 그리고 공군에 입대하여 군 복무를 마쳤다. 군 복무 경력을 살려 곧바로 항공사에 취업했다. 항공사에서 바쁘게 일하면서도 나와 자주 연락이 닿았다.

H는 통화할 때마다 내가 부사관으로 입대한 것이 정말 잘한 선택이라는 말을 했다. H는 자신을 비롯하여 많은 친구가 취업과 진로 문제로 고민하고 있다고 했다. 자신의 사촌 형도 해군 부사관으로 근무하고 있다며 내가 진로를 잘 선택했다는 이야기를 입이 닳도록 말했다.

H는 꿈에 그리던 대학을 진학했음에도 많은 어려움을 겪었다고 했다. 엄

청난 등록금을 내면서 공부했지만, 삶에서 중요한 것들을 놓치고 사는 것에 회의감을 느꼈다. 자신을 돌아보지 못하고 치열하게 경쟁만 하는 삶을 내려놓고 진로와 적성에 대해 고민했다. 결국, 항공사를 그만두고 인테리어와 건축 기술을 배웠다. 오랜 방황과 고민 끝에 자신이 잘할 수 있는 일을 찾은 것이다. 그리고 대학에 진학하여 일과 학업을 병행하며 열심히 자기 계발을 하고 있다. 종종 자신이 디자인한 건물이 만들어진다는 멋진 소식도 전해주며 서로의 길을 응원해주고 있다.

중학교, 고등학교를 진학할 때도 모든 기준은 좋은 대학 진학에 맞춰져 있었다. 좋은 대학에 진학해서 대기업에 입사하는 것이 성공하는 길이었다. 타인의 기준에 의해 결정한 결과 우리는 뒤늦은 방황을 겪는다. 성인이 된 이후에야 내가 좋아하는 것이 무엇인지 생각하게 되는 것이다.

원하는 대학에 입학하더라도 온전히 만족하는 것은 어렵다. 꿈에 그리던 대학에 입학하더라도 학업을 마치지 못하는 경우가 많다. 지방대뿐만 아니라 수도권 명문대도 마찬가지이다. 일명 SKY로 불리는 서울대, 고려대, 연세대에서도 이런 사례가 점점 늘어나고 있다.

대학 공시정보 제공기관인 '대학알리미'에 따르면 2019년 기준 SKY대학의 중도 포기 학생은 1,415명으로 집계됐다. 수도권 상위 15개 대학에서도 총 8,559명의 중도 탈락자가 발생했다. 2019년 기업연구소 '사람인'의 조사 결과에 따르면 신입사원들이 입사 후 1년 이내에 조기 퇴사하는 경우가 늘어나고 있다고 한다. 취업난이라는 말이 무색할 정도이다.

이런 통계를 보면 좋은 대학 진학과 대기업 입사를 하더라도 행복하지 않다는 것을 알 수 있다. 처음에는 치열한 입시 경쟁, 입사 경쟁을 뚫고 원하는 곳에 들어간다. 하지만 얼마 지나지 않아 적성에 맞지 않거나 더 높은 목표를 추구하게 되면 결국 그만두게 된다.

친구 H도 마찬가지이다. 원하는 대학에 진학했지만 그만두고 귀국을 했다. 군 경험을 살려 관련 업계에 취업했지만, 자신에게 맞지 않는 길이라는 것을 깨달았다. 이후 치열하게 자신의 적성과 진로에 대해 고민했다. 관심 있는 기술이 있으면 적극적으로 배워서 자기 것으로 만들었다. 기술을 활용해 현장 경험을 계속 쌓았다. 경험이 쌓이다 보니 차츰 자신에게 적합한 직업을 찾게 되었다. 항공사 일부터 시작해서 목공, 건축 설계, 인테리어에 이르기까지 다양한 분야의 지식과 경험을 쌓았다. 방황과 노력 끝에 자신이 잘하는 일을 찾게 된 것이다.

어떤 직업이 나에게 잘 맞을 것 같다는 생각이 들 때는 여러 가지 측면에서 고려해야 한다. 일과 관련된 측면이 잘 맞을 것 같아도 인간관계, 조직 문화, 적성 등의 요소도 무시할 수 없다. 많은 직장인이 느끼는 것 중 하나가 내 주 업무보다 다른 업무가 많아 힘들어지는 것이다.

직업군인도 마찬가지다. 군인 본연의 업무보다 각종 행정 업무, 보고, 인간관계가 더 어려운 요소로 작용한다. 자신이 꿈꾸고 있는 것들이 무엇인지 생각해보고 왜 이것을 선택했는지에 대한 이유를 생각해보자.

내가 진로 탐색을 조금 더 일찍 하여 부사관에 관심을 두고 있었더라면 인문계에 진학하지 않았을 것이다. 사실 나는 실업계에 진학하고 싶었다. 내신 성적이 나쁜 편은 아니었지만, 그 성적은 내가 공부에 흥미를 느껴 만들어진 성적이 아니었다. 초등학교 때부터 다니기 싫은 학원에 다니면서 매 맞지 않기 위해 공부한 결과일 뿐이었다. 지금 생각해보면 너무 씁쓸하다. 한참 밖에서 놀아야 할 나이에 매일 저녁 6시부터 9시까지 학원에서 수업을 듣고 있었으니 말이다.

왜 우리는 어릴 때부터 이런 정해진 과정을 거쳐가는 걸까? 그것들이 정말 우리가 원해서 배웠던 것이었을까? 아니면 부모님의 계획 속에서 이루어졌던 것일까? 우리는 성인이 되어서도 자신이 무엇을 좋아하는지, 무엇에 관심있고 잘하는지 잘 모른다. 어쩌면 어릴 때부터 부모님 혹은 주변에서 올바른 길이라고 제시해주는 방향을 믿고 따르며 살았기 때문인지도 모른다.

부사관 장기복무 지원을 하고 심사를 앞둔 때였다. 모처럼 휴가를 받아 부산에 있는 부모님 댁에 가서 쉬고 있었다. 집 근처에서 친구 L과 마주쳤다. 예상치 못한 만남에 서로 반가워했다. 서로 어떻게 지내는지 근황을 물었다. L은 부산대학교를 졸업했다고 했다. 취업 준비를 하다가 공무원 시험 준비를 하고 있다고 했다.

나는 뉴스에서만 보던 공무원 열풍이 정말 가벼운 일이 아니라는 것을 느꼈다. 부산에서 부산대는 국립대 중에서는 괜찮다고 알려진 학교이다. 그런데 그 학교를 졸업하고도 전공을 살리지 못하고 공무원 준비를 한다고 하니 아쉬운 마음이 들었다. 대학교 4학년이라는 시간도 시간이지만 공부를 하며 들였던 노력, 학비 등이 보통이 아니기 때문이다.

취업전선에 뛰어드는 친구들의 소식을 들으며 점점 대학교의 기능이 무엇인지에 대해 고민해보게 되었다. 얼마 지나지 않아 L의 공무원 시험 합격 소식을 들었다. 나와 같은 공무원증을 걸고 다니는 친구의 사진을 보았다. 진로 고민에 시험 준비하느라 고생했던 L을 축하하며 앞날을 응원했다.

해군 생활이 워낙 바쁘다 보니 시간을 내어 친구들을 만나는 일은 거의 없었다. 초·중·고등학교를 같은 동네에서 다니다 보니 길을 가다가 친구들을 만나는 경우가 종종 있었다. 많은 친구가 진로에 대해 고민하고 있었다.

초등학교 때부터 대학을 갈 때까지 진로 선택은 타인에 의해 결정되는 경우가 많다. 나 자신의 고민과 탐색으로 나온 것이 아니라 부모님 혹은 선생님으로부터 주입된 것이다. 대학에 진학한 후에 찾아오는 방황은 더욱더 쓰라릴 수밖에 없다. 주변 사람들의 부러움과 기대를 안고 입학했는데 정작 나와 맞지 않는다는 것을 깨달을 땐 더욱 그렇다. 주변 사람들과 가족들의 눈치를 봐서 힘들다고 말하지도 못하고 그만두지도 못하는 상황이 펼쳐진다.

우리는 대학이 성공의 보증 수표가 아님을 깨달아야 한다. 대학 공부가 필요하다면 공부를 해야겠지만 나에게 맞지 않는다면 적극적으로 다른 길을 찾아보자. 군중에서 벗어나는 것을 두려워하지 말라. 군중 밖으로 벗어나보면 생각보다 넓은 세계가 있다는 것을 깨닫게 될 것이다.

자신의 적성을 적극적으로 탐색하자

해군 부사관의 직별 선택은 너무나도 중요하다. 자신이 한번 선택한 직별의 임무를 전역할 때까지 수행해야 한다. 한순간의 선택이 30년을 좌우하는 것이다. 적성검사를 통해 자신의 흥미와 특기를 탐색하자. 평생을 좌우하는 중요한 선택을 하기 위해서는 자신이 무엇을 좋아하고 잘할 수 있는지 명확하게 잘 알아야 한다.

2장.

나는
대학 대신
해군 부사관을
선택했다

01

해군 부사관이 좋은
5가지 이유

요즘 주변에는 부사관 시험을 준비하는 사람이 많아졌다. 요즘처럼 취업 시장이 꽁꽁 얼어붙은 상황에는 사기업에 들어가는 것보다 안정적인 공무원이 선호된다. 대학에도 부사관 관련 학과가 많이 생겼다. 14개 대학에 부사관 학과가 신설되고 전국에 부사관 학원들이 생겨나고 있다. 그만큼 부사관에 관한 관심이 높아지고 경쟁률이 높아진 것이다. 이렇게 많은 사람이 부사관이 되고자 하는 이유는 무엇이 있을까?

첫째, 안정적인 월급을 받는다. 부사관의 장점 중에 빠질 수 없는 것이 바로 '월급'이다. 많은 사람이 공무원을 하고자 하는 가장 큰 이유 중 하나는 안정적인 월급이다. 해군은 육군, 공군보다 상대적으로 높은 수당을 받는다. 수당은 자신의 근무 형태에 따라 차이가 있다. 함정 근무자는 함정 근무수당, 특수부대 근무자는 위험 근무수당, 잠수함 근무자는 잠수함 근무수당, 항공기 근무자는 항공수당 등을 추가로 받는다.

2021년 군인 월급 기준표에 따르면 하사 1호봉 기준 1,678,100원으로 확정되었다. 하사로 임관하게 되면 첫 월급으로 약 170만 원을 받게 된다. 매월 받는 월급뿐만 아니라 1년에 한번씩 받는 성과급, 명절 휴가비, 1년에 2번씩 정근수당을 받는다. 근무 형태에 따라 추가로 수당을 받기도 한다. 부사관의 급여는 물가상승률에 따라 조금씩 차이는 있지만 매년 3% 정도 급여가 올라가고 있다.

둘째, 해군에서 다양한 도전을 할 수 있다. 해군에는 함정 근무뿐만 아니라 다양한 형태의 부대가 있다. 대표적인 예로 특수전전단 UDT/SEAL과 해난구조대 SSU이다. 특수전전단과 해난구조대는 민간에서 바로 모집하기도 하고 실무장병도 모집한다. 실무 배치 후 함정 및 육상 근무를 하다가 UDT나 SSU 훈련에 지원할 수도 있다. 특수부대뿐만 아니라 잠수함 승조원으로 도전할 수도 있다.

나는 실무생활 중 UDT 훈련에 지원했다. 모병 기수에 지원하고자 했으나 지원 시기를 놓치는 바람에 실무생활 중 지원한 경우였다. 함정 근무 중 지원하고 실기평가를 본 후에 특수전 교육훈련대대에 입교했으나 예기치 못한 부상을 입고 말았다. 나는 증상이 없어지면 다시 훈련을 받을 수 있을 줄 알았다. 그러나 교육이 불가하다는 상부 지침에 의거 퇴교 절차를 밟고 말았다.

이후 나는 수상함에서 근무하다가 잠수함 승조원이 되었다. 솔직히 말하면 나는 지극히 현실적인 고민 끝에 잠수함 승조원이 되었다. 잠수함의 모항이 진해라서 다른 지역으로 인사이동이 적기 때문이었다. 잦은 인사이동으로 6번의 이사를 해야 했던 나는 한곳에 정착하고 싶은 마음에 잠수함사령부에서 근무하게 되었다. 그곳의 잠수함 승조원들과 함께 동고동락했던 기억과 잠수함 승조원만의 프로페셔널한 정신은 전역 후에도 나에게 커다란 자부심으로 남았다.

셋째, 다양한 해외 경험 기회를 얻을 수 있다. 해군에서는 다양한 해외 경험을 할 기회가 있다. 순항훈련, 청해부대, RIMPAC, PAC-REACH 등의 연합훈련과 파병 기회가 있다. 해당 함정 승조 시 외국 방문 기회가 주어지는 것이다. 영어 및 제2외국어 능력을 갖추고 있다면 자신의 직별에 해당하는 국비 위탁 교육 및 외국 유학의 기회도 잡을 수 있다.

해외훈련 중 가장 대표적인 훈련은 순항훈련이다. 해군사관생도들은 4학년이 되면 해군 함정을 타고 세계 일주를 하는 순항훈련을 한다. 약 3~5개월간 아시아, 유럽, 미국 등 세계 여러 나라를 방문하며 견문을 넓힐 수 있다. 청해부대는 필요한 인원에 대해서 파병승조원을 모집하기도 한다. 해외에 나가기 위해서는 해당 함정에 승조를 해야 한다. 자신이 소속된 함정의 여건, 인사이동 시기 등의 요소가 변수로 작용한다. 항상 관심을 가지며 수시로 다가

오는 기회를 잘 이용한다면 다양한 해외 경험을 할 수 있다.

넷째, 다양한 근무지를 경험할 수 있다. 해군 부사관으로 근무하면 다양한 근무지를 경험할 수 있다. 직별에 따라 다르지만, 해군에 있는 다양한 급의 함정에 승조할 수 있는 기회가 있다. 이렇게 다양한 함정에서 근무한 경험을 통해 해군 무기체계에 대한 견문을 높여주고 직별 전문성을 향상시킬 수 있다. 근무지에 따라 다양한 지역을 경험할 수 있는 것도 장점이다. 해군은 대부분의 모항이 중소도시 부근에 있어 문화생활 및 자기 계발의 기회가 있다. 동해, 부산, 진해, 목포, 평택 등 주요 도시에 위치한다. 여러 지역에서 근무하며 다양한 지역에서 살아볼 수 있는 경험을 해볼 수 있다. 다만 가족이 있는 경우 잦은 근무지 이동은 단점으로 작용하기도 한다.

다섯째, 군 교육으로 학점은행제 활용이 가능하다. 부사관으로 근무하며 이수한 각종 교육을 학점은행제로 활용할 수 있다. 부사관 양성 교육, 초급반 교육, 중급반 교육, 잠수함 기본 과정 등의 교육을 수료하면 학점은행제의 학점으로 인정받는다. 부사관 기본교육인 부사관 양성 과정과 초급반만 수료하더라도 14~31학점까지 취득할 수 있다. 장기 복무자일 경우 중급반 교육 및 학점은행제에서 인정하는 각종 자격증을 취득하면 학점으로 인정된다.

또한, 학점은행제에서 인정하는 사이버 수업을 이수하는 것도 학점으로 인정된다. 학점을 따로 준비해야 하는 것이 아니라 부사관이 기본적으로 이수하는 각종 교육 훈련만으로도 취득할 수 있다는 장점이 있다. 이런 제도를 이용해 전문학사 이상의 학위를 취득하도록 노력하자. 자신의 전문 분야 지식과 견문을 넓히는 데 도움이 될 것이다.

부사관으로 입대하는 데는 대학 졸업장이 필요하지 않다. 그렇다고 더 이상 학업에 신경 쓰지 않아도 된다는 뜻은 아니다. 복무 중에 자신의 직별 관련 학위를 비롯하여 전문적인 지식을 쌓도록 노력하자. 폭넓은 전문 지식과 교양을 갖춘다면 손해 볼 것이 없다. 자신에게 도움이 되는 것은 물론 장교와 병의 가교 역할에도 도움이 되리라 생각한다.

장교는 모두 학사 이상의 학위를 가지고 있다. 부사관은 대학 졸업자가 많아지는 추세이긴 해도 아직까지는 고졸이 많다. 병은 대부분은 대학 공부 도중에 입대한다. 계층 간의 관심사 차이도 어느 정도 있다. 장교는 앞으로 자신의 커리어 발전과 전문성 향상을 위해 대학원 진학을 염두에 둔다. 평소에 준비하고 있다가 기회가 왔을 때 위탁교육제도를 통해 석사 이상의 학위를 취득한다. 병도 마찬가지다. 지금은 대학생이지만 군 전역 후와 대학 졸업 이후의 진로를 위해 끊임없이 고민한다. 토익 등의 외국어 능력 향상에도 관심 가지며 자기 계발에 적극적으로 투자한다.

부사관은 상대적으로 자기 계발에 소홀한 것이 현실이다. 사실 자기 계발을 굳이 하지 않아도 부족함이 느껴지지 않는다. 장기복무 선발 후에는 계급 정년까지 복무기간이 보장되어 자기 계발에 적극적인 투자가 적은 편이다.

이런 현실 속에서 지속적인 자기 계발을 한다면 신뢰감은 물론이고 더욱 인정받는 부사관이 될 수 있다.

　요즘 20대 청년들은 취업난으로 인해 포기하는 것이 많아졌다. 처음에는 연애, 결혼, 출산을 포기하는 '3포세대'가 등장했다. 취업난이 장기화하면서 5포세대, 이제는 N포세대라는 말까지 등장했다. 사회적 분위기로 인해 청년들이 마땅히 누려야 할 것들을 포기하는 시대가 온 것이다. 이런 분위기 속에서 우리는 진로를 어떻게 선택해야 할까?

　많은 선택지 중에 직업군인은 괜찮은 대안이라고 생각한다. 부사관으로 입대해 장기복무 선발이 된다면 안정적으로 미래를 준비할 수 있다. 해군 안에서도 부사관으로서 누릴 수 있는 다양한 혜택이 있다. 이러한 점들을 알고 자신에게 잘 맞는 일이 무엇인지 고민해본다면, 시행착오를 줄이며 해군 부사관 생활을 할 수 있을 것이다.

22살,
내가 해군 부사관을 택한 이유

나는 해군사관학교 시험에 2번 떨어졌다. 사관학교 입학에 필요한 성적은 높았다. 공부의 기초가 튼튼하지 못했던 나는 열심히 준비했지만 낙방했다. 수능 1~2등급 정도가 되어야 입학할 수 있었다.

부사관은 장교로 입대하는 만큼 진입장벽이 높지 않다. 사관학교처럼 높은 성적이나 학사 장교 OCS처럼 학사학위를 요구하지 않는다. 고등학교 졸업장과 필기시험, 신체검사와 면접을 통과하면 입대할 수 있다. 또한 1년에 4기수를 선발하기 때문에 불합격하더라도 다음 기수에 다시 도전하는 데 부담이 적다.

낮은 진입장벽은 내가 부사관으로 진로를 선택할 때 많은 영향을 끼쳤다. 이미 재수 실패를 경험했기 때문에 1년에 한번씩 모집하는 길은 선택하기 힘들었다. 물론 OCS 장교의 길도 있지만 약 4~5년의 세월을 준비하며 더 기다려야 한다는 것도 부담이었다.

부모님께 더 부담을 안겨드리고 싶지 않았다. 대학을 다니며 4년 동안 학자금도 지원받아야 하는 것도 부담되었다. 내가 진로를 주체적으로 선택할 수 있는 것이 아니라 어쨌거나 부모님의 기대가 어느 정도 반영될 수밖에 없다고 생각했다. 공부하지 않을 때는 왜 공부를 하지 않느냐는 눈치를 보게 된다. 어쨌거나 등록금을 비롯하여 1년에 수백만 원에 달하는 금액을 지원받으면 그만큼의 몫을 해내야 했다.

나는 부모님의 기대에 부응하기 힘들겠다는 생각이 들었다. 내 생각과 부모님의 생각은 너무나 큰 차이가 있었다. 부모님은 나보다 오랜 사회 경험을 바탕으로 나름대로 정립된 사고방식이 있었다. 그것을 바탕으로 나에게 조언을 하셨지만 내가 받아들이기엔 힘들었다. 그렇다고 내 방식이 옳다고 우길 수도 없었다. 이미 몇 번의 실패가 결과로 증명되었기 때문이다.

나는 독립적으로 내 길을 걸어야겠다고 다짐했다. 지금은 서로 상처가 되는 선택이긴 해도 시간이 지나면 내 선택이 존중받는 날이 올 것이라 믿었다. 부모님의 반대에도 불구하고 나는 지원서를 제출했고 시험을 준비했다. 부사관 필기시험이 마냥 쉬운 것은 아니지만 나는 이미 2번의 수능시험을 치렀기 때문에 어렵지 않게 합격할 수 있었다.

나는 부모님으로부터 빨리 독립하고 싶었다. 부모님은 재수를 비롯해 학창 시절 동안 동생보다 나에게 많이 투자하셨다. 동생은 학교에서 우등생이어서 스스로 공부를 잘했다. 반면에 나는 공부와 잘 맞지 않았다. 모두 공부를 열심히 해야 한다고 하니 열심히 했지만 나는 학습이 뒤처졌다. 항상 무엇인가를 습득하는 데 오래 걸렸다. 같은 수업을 들어도 또래들보다 새로운 것을 받아들이는 속도가 늦었다. 그렇다 보니 공부를 잘할 수 있는 방법을 계속 찾아다녔다. 인터넷 강의를 보고, 학원에 다니는 등 공부 못하는 학생의 특징을 모두 가지고 있었다.

대학 입시의 완전한 실패로 나는 내 수준을 인정하고 받아들여야 했다. 더 부모님께 의지할 수 없었다. 나 때문에 동생은 경제적 지원을 받지 못했다. 이런 상황 속에서 나는 어떻게든 빨리 독립하고 내가 살 길을 찾아야만 했다.

해군 부사관으로 입대하면서 처음에는 장기복무를 할 생각이 없었다. 의무복무 4년을 마치고 워킹홀리데이 혹은 해외 유학을 떠날 생각이었다. 유학을 마치면 취업보다는 사업을 하고 싶다는 막연한 생각을 했다. 전역 후의 삶을 위해 어떻게 준비해야 하는지 구체적으로 고민해보지는 못했다.

나는 군 생활을 제대로 하기 위한 준비는 하지 않고 매월 받는 급여가 얼마인지 계산기만 두드렸다. 1달에 얼마를 받으면 얼마를 저축하고 1년에 얼마를 모으고 4년이면 얼마를 모으겠다. 수당은 얼마나 나오는지, 퇴직금은 얼마나 받는지, 이런 자잘한 정보에만 귀를 기울였다.

그런 기대들은 입대한 지 얼마 지나지 않아 무너졌다. 급여는 내 몫을 해내며 복무할 때 따라오는 것이었다. 내 몫을 해낸다는 것이 그렇게 어려운 것인지 몰랐다. 과정은 고려하지 않고 내가 얻고 싶은 결과만 바라보았다. 많은 시간이 지나며 나는 조금씩 깨달았다. 돈을 바라보면 해군 부사관 생활을 견뎌내기 힘들다는 것을. 같은 돈을 벌기 위함이라면 차라리 사회에서 다른 일을 하는 것이 낫다는 생각이 들었다.

해군 부사관 생활 하나만으로도 높은 수준의 헌신과 희생정신이 필요했다. 1년 중 많은 시간을 바다에서 보내기도 하고 정박을 하더라도 집에 가지 못하는 날이 많았다. 당직 근무도 많았으며 대기 태세 유지로 마음 놓고 여행을 가기도 힘들었다. 한가로운 주말에 비상소집 훈련을 하기도 하고 해상 사고 등으로 실제로 비상소집과 긴급출항을 하기도 했다. 연차가 쌓이고 계급이 올라가면서부터 이러한 것들을 받아들이기 시작했다. 내가 마땅히 해야 할 임무라는 것을 인식하기 시작했다.

입대할 때 당장의 계획은 있어도 4~5년 후에 펼쳐질 일은 쉽게 예상하기 어려웠다. 혹시나 내 계획들이 무산된다면 군에 남아 복무할 생각이었다. 4년이 지난 후 전역하지 않게 되면 안정적인 직업이 필요했다. 전역 후 새로운 일을 시작하는 것보다 4년간 했던 일을 계속하는 것이 낫다는 생각이었다. 근무한 만큼 호봉이 오르고 직무에 숙달되니 할 수 있다면 굳이 다른 일을 찾지 않으려고 했다.

사람 인생은 알 수 없다고 했던가? 입대 이후 나의 삶은 내가 예측할 수 없는 방향으로 흘러갔다. 애초에 목표했던 것은 처음부터 삐걱거렸다. 나의 계획대로 흘러가지 않고 전혀 예상치 못한 일들이 펼쳐졌다. 지금 생각해보면 당시 실패라고 느껴졌던 것들은 실패가 아니었다. 그것이 나에게 맞는 길이 아니라는 것을 알게 되었을 뿐이었다.

나는 진로에 대해 끊임없이 고민하고 수정해야 했다. 그렇게 고민해도 내 계획대로 되는 일은 없었다. 예상치 못한 발령도 받았고 지역이동으로 6번에 걸친 이사를 했다. 그러다 보니 인생 흘러가는 대로 그냥 살아가는 것인가 하는 생각에 자포자기하며 대충 살았던 시절도 있었다.

나는 현실적인 문제들을 해결하기 위해 부사관을 선택했다. 해군에 대한 로망이 있기도 했지만 주된 이유는 경제적인 이유였다. 몇 가지 이유만 가지고 별다른 준비를 안 하는 바람에 이상과 현실 사이의 엄청난 괴리를 느꼈다.

만일 이 책을 읽는 독자가 해군 부사관 입대를 준비한다면 내 선택의 사례를 참고했으면 좋겠다. 힘들고 고민이 있을 때 누군가의 한마디 조언이 희망이 될 수 있다. 주변에 많은 사람이 있어도 내 문제를 다 이해해주지는 못한다.

나는 해군 부사관 입대를 준비하는 사람들의 고민을 상담하고 나의 경험과 깨달음을 나누기 위해 이 책을 썼다. 네이버 카페 〈해군부사관취업진로연구소〉를 만들고 유튜브 〈황중사TV〉로 나의 경험을 공유하고 있다. 나의 실패와 시행착오가 누군가에게는 성공의 열쇠가 될 수 있다고 믿었기 때문이다. 22살의 나는 내 믿음대로 선택했고 지금도 그 선택을 후회하지 않는다.

군대 가면
썩는다고?

해군 부사관으로 입대하기로 마음먹고, 다음 날 부모님께 해군 부사관으로 입대하고 싶다고 말씀드렸다. 이야기를 꺼내자마자 부모님은 나에게 크게 실망하셨다. 아버지는 "큰돈 들여 공부시켜 놨더니 기껏 하겠다는 것이 부사관이냐?"라고 하며 실망하셨다. 나는 할 말이 없었다. 부모님으로서는 당연한 반응이었다.

서울에서 재수하면서 적잖은 돈이 들어갔다. 최대한의 지원을 해주셨지만, 해군사관학교 진학은 실패했고 대학도 가지 않겠다고 했기 때문이다. 부모님으로서는 돈을 그냥 버린 셈이었다. 더 이상의 대화는 불가능했다. 부모님은 한숨만 쉬셨다. 재수하며 나는 많은 것을 배웠고 깨달았다. 그러나 아무리 배운 것이 많다고 한들 눈에 보이는 결과가 없으니 나는 입이 10개라도 할 말이 없었다. "나이도 벌써 22살인데 군대 가서 썩고 나오면 무엇을 할 수 있 겠냐?"라는 말을 들었다. 그 말을 듣고 부모님에 대한 마음이 닫혀버렸다.

나는 이 상황이 죽을 것 같이 힘들었다. 동생은 우등생이라 공부를 잘했 다. 수도권 대학에 입학할 수 있었지만, 집 근처에 있는 부산대학교에 입학했 다. 부산대학교 정도면 웬만하면 누구나 인정해주는 학교였다. 장손에 장남 인 나는 어디 내밀 수 있는 명함 하나 없었다. 부모님의 기대는 자연스레 나에 게서 동생으로 옮겨가게 되었다.

나는 부모님께 의존할 수밖에 없는 상황에서 벗어나고 싶었다. 이제 나도 성인인데 왜 계속 부모님의 기대에 부응해야 하는지 받아들일 수 없었다. 대 학을 다닌다면 26살까지 부모님께 의존해야 한다. 나는 그것에 대해 미칠 듯 한 거부감이 들었다. 그냥 나에 관한 관심을 껐으면 좋겠다는 생각이 들었다. 공부에 소질이 없다면 다른 돌파구를 찾으면 될 텐데 부모님은 대학에 가기 를 바라셨다. 대학을 졸업하지 못하면 사람 취급을 받지 못한다는 인식 때문 이었다. 내가 해군 부사관 입대를 결심하게 된 2가지 이유가 있었다.

첫째, 부모님으로부터의 경제적인 독립이다. 당시 나에게 해군은 군 복무 해결, 미래를 위한 경제적인 준비를 할 수 있는 최선의 선택지였다. 스스로 돈 을 벌고 모아서 더는 부모님께 손 벌리기 싫었다. 나에게 걸고 있는 기대에 부 응하기도 싫었다. 나를 위한 것이 아니고 부모님을 위한 것 같다는 생각이 들 었기 때문이다.

둘째, 남들이 모두 대학 간다고 해서 따라가고 싶지 않았다. 우리는 초·중·고등학교에서 12년 동안 공부를 했다. 학교에서 기초 지식을 쌓으며 대학에 진학하기 위한 준비를 했다. 그러나 대학 이후의 삶에 대해서는 구체적으로 그려볼 수 없었다. 학교에서 선생님들은 지금 누릴 수 있는 모든 것을 대학 이후로 보류하라고 했다. 대학 가서 놀고, 돈 벌고, 열심히 공부해서 좋은 기업에 취업하라고 했다. 학창 시절은 그저 대학 입학을 위한 공부 그것 하나밖에 없었다. 나는 거기에 대한 반감을 품고 있었다.

당시 우리나라의 대학 진학률은 80%에 달했다. 학생 대부분이 대학에 진학하는 것이다. 왜 대학에 진학하는지 명확한 이유가 있는 학생은 드물다. 남들이 다 가기 때문에, 취업하기 위해서 등의 이유가 있다. OECD 회원국 중 선진국의 평균 대학 진학률은 50%가 넘지 않는다. 대학이 필수코스라고 생각하지 않는 것이다. 학생들은 자신의 학업과 적성을 고려해서 대학에 진학할지 취업을 할지를 결정한다. 대학에 진학하더라도 자신과 맞지 않는다고 생각되면 과감하게 그만두는 경우도 많다.

혹시 해군 부사관 입대를 고민하고 있다면 자신의 판단에 근거해서 진로를 결정했으면 좋겠다. 부모님의 의견은 참고하되 결정은 스스로 하기를 바란다. 부모님이 군대에 대해 안 좋은 인식을 하고 있다면 반대의 목소리를 낼 수도 있다. 그러나 그것은 부모님의 의견이다. 당신의 삶은 스스로 결정해야 후회가 남지 않는다.

아버지는 30년 전에 군 복무를 하셨다. 80년대에 육군에서 복무하셨다. 부사관에 대해 30년 전의 인식을 가지고 계셨다. 따라서 내가 부사관이 되고 싶다고 했을 때 반대를 할 수밖에 없었다. 사회에서 부사관 출신 사회인들을 많이 봤지만 특별한 점이 없기 때문이었다. 충분히 일리가 있었다. 누구도 부정하기 힘든 현실이었다. 그러나 10년이면 강산도 변한다고 하지 않았던가. 30년이면 강산이 이미 3번이나 변했다. 그동안 군대도 오랜 시간을 거치며 발전하였고 개선되었다. 아버지의 말씀도 일리는 있지만, 그것들이 나에게 똑같이 적용되리라는 법은 없었다. 나는 나만의 길을 찾아야만 했다.

나는 부모님과 대화하기 힘들 것 같다고 생각했다. 집에서 지내면서 대화도 거의 하지 않았다. 어쩌다 한번 대화를 하게 되면 결국 싸움으로 이어졌다. 눈칫밥은 날이 갈수록 늘어났다. 나는 답답한 마음을 더 견디지 못해 밖으로 나갔다. 매일 새벽 해뜨기 전에 일어났다. 자전거를 타고 해운대 해수욕장에 가서 일출을 보고 집에 들어왔다. 아침을 먹고 수영장에 가서 오전에 수영 연습을 했다. 점심을 먹고 밤까지 도서관에서 독서를 했다. 도서관이 문을 닫는 시간이 지나서 나왔다. 집에 들어가기 싫은 마음에 걸어서 1시간 거리를 걸어 다녔다.

주말에도 똑같은 일상이 반복되었다. 자전거 타고 수영하고 도서관에서 살다시피 했다. 매일 고민의 연속이었다. 언제 입대해야 할지, 어떤 직별을 선택해야 할지를 고민했다. 어떻게 하면 이도 저도 아닌 인생을 확 바꿀 수 있을지를 생각했다. 그러던 중 소말리아 해역에서 대한민국 선박인 삼호 쥬얼리호가 해적들에게 피랍되는 사건이 일어났다. 그리고 해군에서 청해부대를 현장에 파견하여 해적으로부터 선원들을 구출해내는 작전에 성공하였다. 이 사건은 나에게 대단한 사건으로 다가왔다. 해적들을 구출해내는 요원들은 바로 해군 특수전전단 UDT/SEAL이었다. '바로 이거다. UDT 부사관으로 가자!'

그날부터 UDT가 되기 위한 정보들을 찾아보기 시작했다. UDT는 일반 부사관보다 훨씬 높은 체력 수준이 요구되었다. 평소 하고 있던 운동과 수영 연습도 더 강도 높게 했다. 배낭에 생수통을 가득 채우고 산을 타기 시작했다. 방문에 턱걸이를 설치하고 매일 턱걸이 연습도 했다. 운동에는 왕도가 없었다. 끊임없는 반복은 눈에 띄는 결과로 이어졌다. 나에게는 새로운 목표가 생겼고 그로 인해 생활의 활력은 다시 찾아왔다.

최근 부모님들이 생각하는 부사관에 대한 인식은 크게 2가지로 구분된다. 첫째, 옛날 부사관에 대한 인식이다. 아버지 세대는 옛날 군대를 경험했으며 그때 보았던 부사관에 대한 인식이 있을 수 있다. 그런 인식을 가지고 있다면 자녀가 부사관이 되고 싶다고 할 때 말릴 수밖에 없을 것이다. 지금은 많이 변화되었다고 해도 사람은 자기가 경험한 틀에서 벗어나기 어렵다. 기성세대인 부모님은 오랫동안 사회생활을 하고 자녀를 양육하면서 다양한 사람을 만났다. 부사관 출신도 사회에서 많이 보았다. 많은 부모님이 부정적인 생각을 가지는 이유는 부사관 출신이라고 해서 특별한 점도 없고 대우받을 만한 점이 보이지 않았기 때문이다.

둘째, 취업난을 고려해서 안정적인 직장을 찾길 바란다. 청년들의 취업난은 어제오늘의 일이 아니다. 지금 우리 부모님 세대는 70~80년대 경제가 발전하는 시기를 경험하셨다. 그리고 IMF를 겪으며 경제위기를 극복해왔다. 그래서 자녀들이 어떻게든 공무원 같은 안정적인 직장을 찾기를 원한다. 최근에는 대학 졸업자들의 실업률 또한 높아지는 추세이다. 석사, 박사 정도의 고학력자들도 일자리를 찾지 못하는 경우가 많다. 그렇지 않아도 취업이 힘든데 코로나 19로 인해 취업 시장은 더욱 꽁꽁 얼어붙었다. 일부 부모님들은 이런 상황을 고려하여 일찌감치 공무원 혹은 직업군인의 길을 자녀들에게 권하기도 한다.

부사관은 옛날처럼 밖에서 할 일이 없어서 말뚝 박는 곳이 아니다. 사회적인 인식 또한 예전과 다르다. 군에서는 부사관에 대한 인식과 예우 개선이 꾸준히 이루어지고 있다. 2014년부터는 해군 부사관의 정복 단화가 흑단화에서 백단화로 바뀌었다. 부사관의 간부로서의 위상을 높이고 개선하는 노력이 계속해서 이루어지고 있다.

부사관 지망생이라면 대개는 부모님과 상의를 할 것이다. 부사관 지원에 대해 지지하는 부모님도 있는 반면에 반대하는 부모님도 있을 것이다. 많은 부사관 지망생들이 인터넷 커뮤니티 등에 부모님의 반대로 고민하는 이야기를 나누곤 한다. 한 가지만 기억했으면 좋겠다. 부사관에 대한 인식과 처우는 계속해서 개선되고 있다. 그리고 그런 변화와 더불어 자신의 발전을 위해 끊임없이 자기 계발을 한다면 부사관도 분명히 괜찮은 직업이 될 수 있으리라 믿는다.

명확한 목표를 가지고 있어야 한다

부사관 생활을 오랫동안 하기 위해서는 목표가 있어야만 한다. 되는 대로 생활하는 것이 아니라 명확한 단기, 중기, 장기 목표가 있어야 지치지 않고 달려갈 수 있다. 해군에 복무하면서 끊임없이 자신이 이루고자 하는 목표를 향해 도전하고 수정하며 나아가는 자세를 가지고 있어야 한다.

04

그럼에도 불구하고
해군 부사관

오츠 슈이치는 『죽을 때 후회하는 스물다섯 가지』에서 이렇게 말했다.

"당신은 자신의 마음을 가만히 들여다본 적이 있는가? 혹시 지금 당신은 하고 싶은 말, 하고 싶은 일을 하지 못하고, 참고 또 참으면서 오직 타인을 위해 한평생 희생하는 삶을 살고 있지는 않은가?"

우리는 지금까지 인생의 많은 부분에서 타인을 위해 살아왔다. 내 마음에 따라 결정하기보다는 가족, 선생님, 친구, 지인의 의견을 참고해 선택한다. 아이러니한 것은 인생에 있어서 중요도가 높은 선택일수록 타인의 말에 귀를 기울인다는 것이다. 예를 들면 "해군 부사관으로 입대하고 싶은데 어떻게 생각해?"라고 주변 사람에게 말했을 때 이런 대답을 들으면 왠지 마음이 흔들린다.

"군인은 너무 위험하지 않나? 그냥 회사에 취업하는 게 좋을 것 같은데…"
"친구가 부사관인데 힘들어서 1년 후 전역한다고 하더라."
"요즘 군대에서 사고 나는 뉴스 많이 나오던데, 위험하지 않을까?"

그럴 때 당신은 어떤 기준에 의해 입대 결정을 할 것인가? 앞의 사례는 10년 전, 20년 전에도 있었다. 앞으로 10년 후, 20년 후에도 있을 것이다. 만약 누군가가 반대해서 입대하지 않기로 했다고 가정하자. 해군 부사관으로 가고 싶었던 마음이 사라질까? 쉽게 사라지지 않는다. 한때 품었던 꿈은 억누른다고 해서 없어지지 않는다. 마음 구석에 웅크리고 있을 뿐이다. 훗날 다른 사람이 그 꿈을 이룬 모습을 보았을 때 마음 한구석에 있던 꿈이 치고 올라오게 된다. 그리고 지금은 도전할 수도 없는 현실에 아쉬운 마음이 남는다. '그때 도전해야 했는데…' 하며 후회가 남을 것이다. 혹은 죽기 전에 그때 도전하지 못했던 것에 대해 후회할 수도 있다. 타인의 의견은 참고하되 모든 결정은 나 스스로 내리고 결과에 대해 책임지는 자세가 필요하지 않을까?

"그래도 부사관 입대하겠습니다."
"그래, 너의 인생이니 스스로 결정해라."

부모님과의 신경전은 극에 달했다. 나는 매일 어떻게 부모님을 설득할 수 있을까에 대해 고민했다. 아무리 고민해봐도 설득할 방법은 없다는 결론에 이르렀다. 서로가 원하는 방향이 달라서 절충안을 찾을 수 없었다.

부모님이 조언하는 방향은 틀린 길이 아니다. 대부분 학생이 가는 보편적이고 안전한 길이다. 그 길을 걸으며 노력한다면 전문 분야에서 얼마든지 성공할 수 있다. 단지 내가 원하지 않고 방향이 다를 뿐이었다.

나는 정면으로 마주하기로 마음먹었다. 반대하시더라도 가고 싶다고 말하고 지원하기로 했다. 부모님은 결국 내가 하고 싶은 대로 하라고 하셨다.

고등학교를 졸업하고 성인이 되는 시점은 중요한 순간이다. 대학 진학, 진로 선택, 독립해야 하는 시기이다. 만약 초·중·고등학교를 12년간 성실하게 다녔다면 이 시기에 부모님과 의견이 충돌할 확률이 높다. 내가 가고 싶은 길이 있는데 부모님은 반대한다. 특히 명문대와 대기업을 추구하지 않을수록 그럴 확률이 높다. 부모님은 자녀의 성공과 안정을 바라기 때문이다.

자녀의 꿈을 무작정 반대하는 부모님은 없다. 부모님의 가치관과 경험에 비추어보았을 때 자녀가 고생하는 길이라고 여겨지니 반대하는 것이다. 꿈보다는 현실적인 방향으로 제안할 것이다. 그럴 때는 부모님의 의견을 존중하는 태도를 보이자. 자녀가 실패하지 않기를 바라는 부모님의 마음으로 생각하자.

자신의 꿈을 얘기했을 때 부모님이 반대하신다면 먼저 부정적인 감정이 생길 것이다. 이때 감정적으로 반응하지 말고 부모님의 의견을 끝까지 들으며 경청해보자. 화가 나더라도 꼭 참고 감정을 통제해야 한다. 서로의 생각을 존중할 때 대화가 이루어지고 상처를 남기지 않을 수 있다. 당장에는 어렵지만, 의견이 다르더라도 자신의 선택을 존중해줄 수 있다. 성숙한 태도를 보이지 못했던 나는 부모님과 진로에 관해 이야기할 때마다 감정적인 싸움으로 끝났다.

그런데도 반대를 한다면 부모님께 감사하는 마음을 가지자. 뜬금없이 웬 감사냐고? 그때가 바로 자립할 기회이기 때문이다. 정말 간절하다면 소신껏 자신의 길을 선택하도록 하자. 자신의 가능성은 스스로가 가장 잘 알고 있다. 학교와 가정의 울타리에서 과감하게 벗어나자. 가정이나 학교 같은 울타리 안에 오래 있을수록 자립할 수 있는 기회는 멀어진다. 이제 울타리를 뛰쳐나와 자신의 길을 만들어가라. 지금 당신 앞에 있는 장애물을 넘지 못하면 앞으로도 넘지 못한다.

나는 진로 문제를 두고 부모님과 자주 다투었다. 부모님은 평소에는 별말이 없다가 중요한 시기에 어떤 선택을 해야 할 때는 개입하셨다. 이유도 항상 비슷했다. 내가 가고자 하는 길은 사회적으로 인정받지 못하기 때문이었다. 남들이 봤을 때, 사회적으로 봤을 때 그럴듯하지 못하기 때문이다. 내가 좋아하는 일이라도 남들이 봤을 때 떳떳하지 못하면 선택하면 안 되는 것이었다. 입시학원에 다니는 것도, 고등학교에 진학하는 것도, 대학을 진학하는 것도 마찬가지였다.

 나는 매번 반항심이 들었다. 그것들이 하나둘씩 쌓이다 보니 분노로 바뀌었다. 학창 시절 내내 쌓였던 것이 성인이 되어서 폭발했다. 나는 주체적으로 살고 싶은데 타인의 시선이 두려워서 원하지 않는 선택을 해야만 한다는 것이 미치도록 싫었다. 부모님과 다투고 나면 며칠 동안 대화도 끊겼다. 나는 입만 열면 버럭 화를 내곤 했다. 서로 감정이 상한 상태로 하루하루를 보냈다.

 부모님은 자식에 대해 잘 알지 못한다. 부모님 자신도 스스로에 대해 잘 모르는 경우가 많다. 많은 사람이 나를 가장 잘 아는 것은 부모님이라고 생각한다. 부모님의 의견과 선택을 무비판적으로 받아들이고 신임한다면 평생 부모님의 그늘에서 벗어나지 못한다. 실패와 성공을 경험하며 스스로 성장할 기회를 얻지 못하는 것이다. 명문대를 졸업해 번듯한 직장에 취업해서 사회적으로 인정받고 어른들에게 인정받는 것은 효도가 아니다. 주변 사람의 칭찬은 있을지 몰라도 자기 스스로를 칭찬하기엔 힘들다. 부모님과 사회에 의해 주입된 사고방식이기 때문이다. 내 감정이 행복하고 일에 보람을 느끼기보다 남들이 봤을 때 번듯한 것이 더욱 우선되기 때문이다.

 간절히 원하는 것이 있다면 자신이 선택하고 결정하자. 사람이 죽기 전에 가장 후회하는 것 중 하나가 도전해보지 않은 것이라고 한다. 당장 안정을 추구하며 누군가의 조언대로 길을 선택한다면 먼 훗날 후회하는 날이 올 수도 있다. '그때 그 일에 도전해볼걸.' 하는 마음이 드는 것이다. 누구도 내 인생의 진로를 결정해줄 수 없다. 젊음의 특권은 '도전'이다. 실패하더라도 금방 털고 다시 일어날 수 있는 젊음이 있다. 가고자 하는 길을 스스로 결정하고 도전했다면 실패하더라도 후회하지 않는다. 도전하지 않고 나중에 후회하지 말고 지금 당장 도전하고 실패하자. 빠른 실패가 빠른 성공을 부른다. 실패함으로 그것이 내 길이 아니라는 것을 깨달았다면 그것으로 충분하다. 이제 남 탓할 때는 지났다. 내 인생의 주인공은 나라는 것을 반드시 기억하자.

내가 운영하는 네이버 카페 〈해군부사관취업진로연구소〉에는 종종 이런 질문이 올라온다.

"부사관으로 입대하고 싶은데 부모님이 반대해요."
"해군 부사관 힘들다고 하던데, 입대해도 괜찮을까요?"

이미 당신의 마음에 답은 정해져 있다. 입대하는 것이다. 그런데 마음에 확신이 없고 불안하니 자꾸 다른 사람들의 의견을 묻고 고민하게 된다. 스스로 결정하고 책임지는 것에 익숙하지 않아서 남들은 어떻게 생각하는지 물어보게 된다. 입대하고 안 하고는 중요하지 않다. 중요한 것은 당신의 마음의 소리를 듣고 결정을 내리는 것이다. 혹시 해군 부사관으로 입대할지 말지 마음에 갈피를 잡지 못하고 있는가? 그렇다면 나에게 연락해도 좋다. 함께 당신의 현재 상황을 고민하며 미래의 방향을 설정하는 데 도움을 줄 수 있을 것이다.

05

해군 부사관은
신의 직장이 아니다

직업군인은 과연 신의 직장일까? 직업군인은 일반 공무원과는 조금 다른 특정직 공무원이다. 특정직 공무원이란 담당 업무가 특수하여 자격, 신분 보장, 복무 등에서 특별법이 우선 적용되는 공무원이다. 많은 사람이 직업군인의 길을 선택하는 데 큰 매력을 느끼는 것은 바로 '연금'이다. 연금이 다른 어떤 요소보다 큰 비중을 차지한다고 생각한다. 20년 이상 근속을 하면 평생 연금을 수령하기 때문이다. 따라서 많은 청년이 퇴직 이후의 연금을 기대하며 부사관으로 입대한다.

아직까지는 부사관의 장점으로 연금을 내세워 홍보하지만 나는 연금에 대해 조금은 회의적이다. 국회예산정책처에서는 2019~2028년 8대 사회보험 재정전망을 발표했다. 군인연금의 적자는 1조 6,000억 원에서 2조 4,000억

원으로 증가할 것으로 전망했다. 군인연금의 재정악화가 급격하게 진행되고 있다. 베이비붐 세대의 공무원들이 대거 퇴직하면서 연금 수급자는 더욱 급증하고 있다.

공무원 및 군인연금 수령자가 시간이 지날수록 늘어나며 국가부채는 계속 증가하고 있다. 이에 따라 공무원의 연금이 감소하였고 군인연금도 감소하고 있다. 군인연금 기금은 1973년에 이미 고갈되었다. 이후 적자가 나는 만큼은 세금으로 충당하고 있다. 고령화 사회로 진입하면서 기대수명이 늘어나는 만큼 군인연금 수령 기간도 늘어난다. 그만큼 세금 부담이 커지게 되는 것이다. 공무원 및 군인연금 제도 개편 논의에 대한 목소리도 계속 나오고 있다.

군인연금은 분명 매력적인 장점이다. 그러나 이 책을 읽는 독자가 군인연금을 받을 때쯤 군인연금 정책이 어떻게 바뀌어 있을지는 아무도 모른다. 국가부채가 지속해서 늘어나는 상황이기 때문에 연금 수령액이 줄어들 가능성이 훨씬 크다. 지금도 몇 년 단위로 변화가 계속 이루어지고 군인연금 정책 논란이 생기고 있다. 과연 20~30년 후에도 군인연금이 지금과 같은 혜택으로 남아 있을 가능성이 얼마나 될까? 직업군인이 되고 싶은 이유 중 하나가 연금이라면 한번쯤 고려해볼 문제라고 생각한다.

"아…, 또 하루가 시작되는구나…"

매일 아침 울리는 알람 소리가 너무 두려웠다. 잘 때 눈을 감으면 눈이 안

떠졌으면 좋겠다는 생각을 자주 했다. 나는 육체적으로 정신적으로 완전히 탈진했다. 그렇지만 오늘도 어제처럼 출근해야 한다. 하루하루가 고역으로 느껴지는 시기였다. 그만큼 나에게 주어진 직무가 부담되었다. 계급장의 무게를 실감하며 더욱 책임감과 의무감을 가지고 일해야 하는 시기였다.

나의 직책은 각 직별의 최선임 부사관이 가지는 직책인 직별장(CPO : Chief Petty Officer) 바로 다음에 위치하는 부사관이었다. 당시 직별장이 부상을 당하는 바람에 병원에 2주 정도 입원을 한 상태였다. 직별에는 4명의 음탐사가 있었는데 직별장과 나, 후배 2명이 있었다. 직별장이 부재이기 때문에 내가 직무대리로 직별장의 모든 업무를 도맡아야 했다. 당시 중요한 훈련을 앞둔 상황이었다. 배는 수리가 막 끝나서 각종 장비 테스트로 바빴다. 후배들은 여러 행정업무에 치이고 부사관 능력평가 준비로 정신이 없었다. 막내 부사관은 부사관 능력평가 준비로 정신이 없었다.

수리는 언제나 그랬듯 한번에 제대로 진행되지 않았다. 수시로 긴급수리 요청을 해야 했고 수리 협조 사항으로 전혀 모르는 부서에 전화하고 찾아가는 일도 잦았다. 계획대로 진행되지 않아 협조를 부탁하느라 대외부서 사무실에 찾아가서 양해를 구하기도 했다. 장비 수리로 인한 대외부대 업무는 대부분 내가 맡아서 하는 상황이었다. 업무 분담을 하려고 해도 후배들의 당직에 평가에 이런저런 이유로 하기 힘들었다. 나는 시간이 갈수록 지쳐갔다.

부두 이동을 하면서 입항을 하던 중 멘탈이 완전히 무너지는 사건이 일어났다. 입항하면서 후배 2명이 가벼운 부상을 입은 것이다. 큰 부상은 아니지만 1명은 병원에 진료를 받으러 가야 했고, 1명은 입항하자마자 사무실로 올라가게 되었다. 나는 온몸에 힘이 쭉 빠졌다. '지금 엉망인 이런 상황 속에서 또 무엇을 어떻게 보고해야 하나?' 하는 걱정이 들었다. 입항 후 갑판 위에서 하늘을 바라보며 한숨을 쉬었다. 동료들도 나의 처지를 알고 있던 터라 힘내라는 말밖에 해주지 못했다.

'하루하루 견디는 것이 이렇게 힘든 것인가?'

다음 날 아침 알람 소리를 듣고 일어나 출근했다. 후배들도 특별한 문제없이 업무에 복귀했다. 다행히 장비 수리 관련 업무협조도 원활하게 이루어졌다. 나는 그제야 속으로 안도의 한숨을 쉬었다. 한바탕 폭풍이 휘몰아치고 지나간 후에야 나는 깨달았다. 무거운 짐을 짊어지고 있는 직별장을 보는 눈이 달라졌다. 해군 군함은 직별장들이 떠받치고 있는 것이라는 말이 진짜라는 것을 깨달았다. 직별장이 부상에서 복귀하며 내가 좀 더 일하고 적극적으로 움직여야겠다는 마음이 들었다. 2주간의 직별장 직무를 수행한 뒤 나는 마음 깊은 곳에서부터 진심으로 그들을 존경하는 마음이 우러나왔다.

모든 군인은 전역한다. 하사든, 중사든, 중위든, 대위든 모든 직업군인은 언젠가 전역을 한다. 단지 사람마다 전역 시기가 다를 뿐이다. 나는 해군 부사관 생활을 시작함과 동시에 전역 후의 삶도 함께 설계해야 한다고 생각한다. 이 말은 단기복무 후의 전역만을 말하는 것이 아니다. 단기, 중기, 장기복무, 정년퇴직 모두에 해당한다. 물론 군인은 국가에 충성해야 한다. 하지만 부사관이 내 직업의 전부라고 생각하는 순간부터 부사관 이후의 삶을 준비하기 어려워진다. 국가의 부름을 받은 군인 이후에 펼쳐질 제2의 인생도 준비해야 하기 때문이다.

어느덧 100세 시대가 다가왔다. 부사관은 55세가 되면 정년퇴직을 한다. 퇴직한 직후부터 군인연금 수령을 할 것이다. 만일 100세까지 산다고 가정하면 퇴직 이후 45년은 어떻게 보내야 할까? 군 생활을 20세부터 시작했다고 해도 35년 정도 근무한다. 퇴직 이후에는 군 생활을 한 시간보다 10년을 더 보내야 한다. 군 생활 35년도 엄청나게 길었는데 그보다 10년이나 더 긴 시간인 45년은 어떻게 보내야 하는 걸까?

지금은 4차 산업혁명 시대에 접어들었다. 하루가 다르게 신기술이 쏟아지고 세상이 바뀌어가고 있다. 심지어 모든 사람이 사용하고 있는 스마트폰조차 1년마다 엄청난 스펙 향상을 하며 발전하고 있다. 그런데 군인들은 그만큼 발전하고 있지 않다. 터놓고 말하면 자기 계발로 자신을 업그레이드하는 분위기가 아니다. 변화, 혁신보다는 안정을 추구한다. 치열하게 경쟁하는 구조가 아닌 것이다.

정신을 바짝 차리지 않으면 나도 모르는 사이에 분위기에 젖어 든다. 특히 독신 시기에 자신을 위한 투자보다 경제적인 풍족함 속에서 놀고먹고 즐기는 것에 집중하기 쉽다. 그러다가 어느 날 갑자기 갈림길에 서서 중요한 선택을 해야 할 시기가 오면 당황한다. 준비되지 않은 자신의 현실을 깨달으며 올바른 판단을 하기 어려워지는 것이다. 부득이한 사정으로 전역을 한다거나 장기복무 선발이 되지 않았을 경우가 발생한다. 그때가 되면 그동안 허송세월했던 날들을 후회한다. 충분한 시간과 기회는 있었지만 내가 그것을 활용하지 않았던 것뿐이다.

나는 8년 정도 부사관 생활을 하고 사회로 나왔다. 군 안에서 보는 사회와 나와서 보는 사회는 매우 달랐다. 사회는 이미 4차 산업혁명의 물결 속에 있었다. 인공지능이 이미 생활 깊숙이 들어왔고 우리는 디지털 기기에 종속된 삶을 살아가고 있다. 이런 사회 분위기에 빠르게 적응해야만 했다.

'군에 있는 동안 무엇을 했나?' 하는 생각이 자주 들었다. 스마트폰으로 무엇을 했는가? 태블릿으로는? 영화 보고 게임을 하는 용도로만 사용했다. 지금은 이 심플한 장비를 통해서 전 세계와 연결될 수 있다. 세계 어디에서도 스마트폰과 노트북만 있으면 업무를 할 수 있는 시대가 열렸다. 이런 변화의 물결에 관심을 두고 배우지 않고 스마트폰을 게임용으로만 쓰고 있었다. 끝없이 발전하는 변화의 물결에 맞춰 발전하지 못하면서 이미 수년간 도태된 것이다.

나는 그동안 안정감에 매우 익숙해져 있었다는 것을 깨달았다. 군 생활은 열심히 했지만 나 자신을 위한 투자와 준비는 부족했다. 경직된 사고방식을 가지고 있음을 인지하지 못했다. 생각이 많이 유연해질 필요를 느꼈다. 누군가에게 적극적으로 조언을 구하고 배웠다면 좀 더 철저하게 준비할 수 있었을 것 같다는 생각이 들었다. 그러나 그런 경험도 나에겐 축복이라고 생각한다. 내가 경험하고 깨달은 것들을 새로 입대하는 후배들과 나눌 수 있기 때문이다. 이를 위해 나는 이 책을 썼다.

해군은 결코 당신을 책임지지 않는다. 군 복무는 분명히 가치 있고 명예로운 일이다. 그렇지만 군 복무 자체에 너무 집중한다면 안정감 속에서 매너리즘에 빠지는 경우가 많다. 나 또한 무기력감을 느끼는 시기가 주기적으로 찾아왔다. 이러한 일을 예방하기 위해 끊임없이 노력해야 한다. 모든 결과는 나의 몫이다. 준비하는 것도 준비하지 않는 것도 나의 몫이다. 모든 결과에 대해 절대 남 탓을 하면 안 된다.

나는 내가 해군 부사관 생활을 하며 배우고 깨달은 것들을 나누기 위해 네이버 카페 〈해군부사관취업진로연구소〉를 운영 중이다. 카페를 통해 해군 부사관 입대 준비를 하는 사람들과 정보를 공유하고 조언을 아끼지 않고 있다. 해군 부사관은 분명히 멋진 직업이다. 군 생활에 최선을 다하며 끊임없이 미래를 설계하고 자기 계발을 해라. 그렇다면 해군 부사관은 국가를 수호한다는 명예와 자부심은 물론이고 군 생활 이후의 삶도 준비할 수 있는 훌륭한 직업이 될 것이다.

왜 해군 부사관이 되고 싶은지 고민해보자

부사관은 해군 전투력 발휘의 중추적인 역할을 하는 계급이다. 군함의 각 종 장비를 부사관이 운용하고 정비한다. 이를 위한 실력을 갖추기 위해서는 많은 시간과 노력이 필요하다. 부사관은 장교와 병 사이에 위치하여 부대를 실질적으로 이끌어가는 간부이다. 그만큼 많은 헌신과 희생, 솔선수범 리더십이 요구된다.

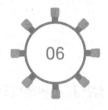

세상이 정해놓은 기준에
맞추지 마라

　나는 초등학교 5학년 때 피아노 학원에 다녔다. 당시 피아노 학원은 많은 친구가 다니고 있었다. 동생도 피아노를 배워서 피아노를 잘 쳤다. 친구가 자기가 다니는 피아노 학원에 같이 다니자고 해서 등록을 했다. 학교 뒤쪽 골목에 있는 작은 피아노 학원이었다. 친구들이 피아노 학원에 다니니까 나도 피아노를 잘 치고 싶은 욕심이 생겼다.

　그런데 3개월이 지나면서 피아노가 늘기는커녕 건성건성 학원에 다니는 나로 바뀌었다. 이론 공부는 관심도 없고 연습도 기계적으로 횟수만 채우는 둥 마는 둥 했다. 선생님이 안 볼 때는 8번 쳐놓고 10번 쳤다고 거짓말하기도 했다. 피아노 선생님이 학원을 이전하는 바람에 나도 학원을 그만두게 되었다. 배워보고 싶다는 마음이 들긴 했으나 재능이 없고 흥미가 없었다. 그래서 다른 피아노 학원으로 옮기지도 않고 그대로 피아노를 그만두었다.

  그로부터 17년 후, 대한민국 어딘가의 깊은 바닷속에서 나에게 의외의 재
능이 있음을 깨달았다. 바로 출동 중 독후감 제출 이벤트를 통해서이다. 독
후감 1편 제출만 해도 하루 휴가를 받을 수 있는 파격적인 이벤트였다.

  사실 나는 귀찮아서 하지 않고 있었다. 그냥 독후감 제출 안 하고 휴가 안
받아도 괜찮다는 생각이었다. 그만큼 출동 임무에 지쳐 있었다. 그렇게 버티
다가 1인 1감상문을 제출하라는 선배의 명령이 떨어져서 억지로 쓰게 되었
다. 어쩔 수 있나? 군대에서 까라고 하면 닥치고 까야 한다!

  나는 『어린 왕자』를 주제로 감상문을 썼다. 마침 출동 나가기 전 김해에서
'어린 왕자' 전시회를 다녀온 적이 있었다. 전시회 경험을 곁들여서 그냥 일기
처럼 끄적끄적 써서 제출했다. 선후배들이 먼저 제출한 글을 보니 너무 잘 쓴
글이 많아서 주눅이 들었다. 그래서 휴가만 받고 만족하자는 생각을 했다.

  그런데 그저 휴가받기 위해 썼던 글이 생각보다 파장이 컸다. 사령부 전체
에서 공모한 독후감 중 예선, 본선 선발 소식에 계속 내 이름이 올라가는 것
이었다. 글을 제출하고 '출동 언제 끝나나?' 하는 생각만 하고 있던 나는 예상
밖의 소식에 가슴이 두근거리기 시작했다.

  마침내 출동이 끝나고 입항을 했다. 부장님의 공지를 통해 최종 2인 명단
에 내 이름이 올라간 것을 알게 되었다. 내 글과 겨루는 글은 바로 내 직속 분
대장인 음탐관의 글이었다. 결승에서 최종적으로 음탐관으로 선발되었다.

확실히 글솜씨가 남달랐다. 전문적인 지식과 통찰이 곁들여져 누가 봐도 우승할 만한 멋진 글이었다.

독후감을 썼던 경험은 군대에서 겪은 하나의 이벤트였다. 그렇지만 그 경험을 통해 그동안 몰랐던 의외의 재능이 있다는 것을 깨닫게 되었다. 그 한순간의 경험이 동기가 되어 지금은 책을 쓰면서 작가의 길을 걷고 있다.

내가 사회적으로 인정받는 보편적인 길을 걸었다면 지금 같은 행복한 일을 할 수 있었을까? 아마 그렇지 않을 것이다. 여전히 이것이 나의 길이 맞는지 고민하며 방황하고 있을 것이다.

지금 나는 책 쓰는 것이 행복하다. 책을 쓴다는 것이 이렇게 즐겁고 행복한 일인 줄 몰랐다. 나의 경험과 깨달음이 다른 누군가에게 도움이 될 것이라는 생각에 행복한 마음이 든다.

솔직히 나는 군 생활을 잘한 사람이 아니다. 군대에서 제대로 이룬 것도 별로 없다. 오히려 실패와 좌절, 고민이 가득한 군 생활을 했다. 잘하는 것이 없기에 그저 하루하루 최선을 다하며 보냈다. 그러나 이 경험들이 누군가에게는 분명히 도움이 될 것이라는 믿음을 가지고 있다. 나의 경험이 담긴 책을 통해 고민하는 사람, 방황하고 있는 사람에게 손 내밀어주고 싶다.

지금 당장 고민이 많고 힘든 일에 둘러싸여 있더라도 좌절하지 마라. 그 힘든 일조차 모두 당신의 삶의 중요한 자양분이 된다. 그리고 당신이 끊임없이 재능을 찾기 위해 노력한다면 모든 일이 재능을 발견하는 데 도움이 될 것이다. 당신이 생각하지 않는 것은 현실에서 일어나지 않는다. 밝은 미래를 꿈꾸고 준비하는 자만이 꿈을 찾고 이룰 수 있다.

많은 사람이 나의 네이버 카페와 블로그를 통해 진로에 대해 질문을 한다.

"나이가 30대인데 지금 입대하기에는 너무 늦은 거 아닐까요?"
"대학을 가야 할지 바로 부사관으로 입대할지 고민이 됩니다."
"진로에 대해 부모님과 의견 차이가 있는데 어떻게 하는 것이 좋을까요?"

자신의 진로에 있어서 정답은 없다. 누구도 대신 선택해줄 수도 없다. 내가 하고 싶은 말은 이것이다. 세상이 정해놓은 기준에서 벗어나라. 그 기준에서 자유로워진 상태로 자신이 원하는 선택을 하라. 자신이 무언가를 해야겠다는 생각이 들었다면 그때가 가장 빠를 때이다. 망설일수록 시간만 늦춰질 뿐이다. 지금 하지 않는 것은 나중에 반드시 후회하게 된다. 실패를 두려워하지 말고 도전하라.

우리는 흔히 대학교를 졸업하고 취업을 하는 것을 공식처럼 알고 있다. 조금만 생각을 바꿔보자. 먼저 취업하고 대학에 진학하는 것은 어떨까? 국방부에서도 다양한 방법으로 대학 공부를 할 수 있도록 지원하고 있다. 학위를 취득하는 방법으로는 국방부에서 1년 만에 학사학위를 취득할 수 있는 '독학사' 제도를 지원하고 있다. 독학사 시험을 치를 수 있는 응시료와 교재비를 국가에서 지원받아 빠르면 1년 혹은 2년 이내에 4년제 대학 학위와 같은 자격을 가지는 학사학위를 취득할 수 있다.

사이버대학을 통해 학위를 취득하는 방법도 있다. 물론 해군 생활을 하면서 공부를 병행한다는 것은 쉬운 일이 아니다. 그렇지만 공부할 의지가 있고 뜻을 세운다면 못할 것도 없다. 함정 근무를 할 때는 아무래도 바쁜 함 일정이 있다 보니 학교 공부에 집중하기 어렵다. 수업 및 시험 날에 제때 참석하지 못하는 경우도 발생할 수 있다. 사이버대학에서는 부득이하게 시험을 보지 못해 성적을 얻지 못하는 일을 줄이기 위한 제도가 있다. 대체 과제 및 시험 등의 제도를 통해 학점과 성적을 취득할 수 있도록 지원한다. 육상근무를 하며 상대적으로 여유가 있을 때 이런 제도들을 활용하도록 하자. 자신의 전문 분야와 관련된 전공으로 전문 지식을 업그레이드하여 폭넓은 시야를 가진 부사관이 될 수 있다.

이런 제도를 활용한다면 대학을 다니면서 취업 준비를 하는 것보다 나을 수 있다. 취업에 대한 불안감을 가지고 준비하는 것보다 나을 수 있다. 또한, 취업의 관문을 통과하기 위한 불필요한 오버 스펙을 쌓기 위해 노력할 필요도 없다. 물론 군 복무와 학업을 병행하기는 쉽지 않은 일이다. 그러나 대학 생활을 하면서도 공부만 하는 것은 아니지 않은가? 학비나 생활비 등을 벌기 위해 아르바이트도 틈틈이 하게 되니 말이다. 정기적으로 충분한 급여를 받으며 취업에 대한 불안감 없이 공부할 수 있으니 일석이조의 효과를 볼 수 있다.

내가 해군 생활을 하면서 특별하게 여기는 두 분의 부사관이 있다. G 준위님(당시 계급 원사)과 K 원사님이다. 두 분은 내가 실무생활을 막 시작했을 때 만났다. G 준위님은 고등학교 졸업을 하고 해군 부사관으로 입대했다. 장기복무를 하며 군 생활 중 대학 공부를 시작해 졸업까지 했다. 영어 공부를 열심히 해서 외국 유학의 기회도 잡았다. 미국에서 유학하며 이지스 체계 교육을 받고 대한민국이 이지스함을 운용할 수 있는 기반을 잡으셨다. K 원사님도 마찬가지로 이지스 체계 인수를 했다. 두 분 다 이지스 교관과 관찰관으로 근무하며 해군의 이지스 체계 발전에 크게 이바지했다. 최근 G 준위님은 대학원 공부를 마치고 석사학위를 취득했다고 한다.

이렇게 자기 계발의 의지가 있다면 현역 생활을 하는 중에도 얼마든지 학업을 이어갈 수 있다. 오히려 경제적 어려움 없이 더욱 안정적으로 공부할 수 있다. 자신의 근무지와 공부 여건이 어느 정도 준비됐을 때 공부를 시작하면 되는 것이다. 대학 졸업자들이 2~3천만 원 이상의 빚을 안고 사회생활을 시작하는 것이 현실이다. 이때 조금만 관점을 바꾸면 얼마든지 기회를 만들어 낼 수 있다.

흔히 사람은 공부할 때가 있다고 말한다. 이 책을 읽는 독자들도 주변 사람에게 한번쯤은 들어봤을 것이다. 그러나 그때를 반드시 20대 초반으로 한정하지 말았으면 한다. 20대 초반에 공부할 수도 있고, 30대 초반에 공부할 수도 있다. 대학 재수하고 삼수한다고 해서 남들보다 늦는다고 조급해하지 마라. 남들은 남들의 속도로, 나는 나의 속도로 가면 된다.

나는 해군사관학교에 도전해서 실패했다. 재수까지 했으나 그마저도 떨어졌다. 22살에 해군 부사관으로 입대해서 30살에 전역했다. 그리고 대학교 1학년 신입생으로 입학했다. 20살에 해야 할 공부를 무려 10년 후에 시작한 것이다. 그리고 31살의 나이에 외국으로 유학 준비를 하며 이렇게 책도 쓰고 있다. 자신에게 꿈과 확신이 있다면 어떤 것도 장애가 되지 않는다. 가장 큰 장애물은 당신의 마음이라는 것을 기억하자. 자신의 마음에 있는 고정관념과 두려움을 걷어낸다면 인생의 도전에 늦은 때란 없다.

타인의 기대에 의해
입대하지 마라

해군 부사관으로 입대하는 나이는 대부분 20대 초반이다. 대학 졸업자 및 재복무 등으로 늦게 입대하는 사람도 있지만, 대개는 20대 초반이다. 이들은 고등학교를 갓 졸업했거나 대학교 1~2학년, 대학 진학을 하지 않고 입대하는 경우가 많다. 부모님으로부터 완전히 독립하기엔 이른 나이이다. 따라서 진로를 선택하는 데 부모님의 의견이 반영되는 경우가 많다.

부사관 커뮤니티에 부모님과의 의견 갈등으로 올라오는 고민글을 종종 본다. 본인은 부사관 입대를 하고 싶으나 부모님이 반대하는 경우와 부모님이 부사관을 권유해서 고민하는 질문 글이다. 나는 이런 질문을 볼 때마다 생각이 많아졌다. 댓글 몇 마디로 조언한다고 해서 쉽게 개선되지 않았기 때문이다. 여러 이해관계가 얽혀 있음에도 단편적인 답변에 '감사합니다.'라는 댓글로 끝나는 것에 아쉬움이 남았다. 그렇다면 입대 준비 중에 타인과의 갈등이 생길 때 어떤 자세로 문제를 마주해야 할까?

부모님들은 자녀들이 안정적인 급여를 받을 수 있는 직장을 선호한다. 정기적인 급여에 20년 이상 복무 시 연금까지 보장되는 부사관은 부모님으로서는 좋은 선택임이 틀림없다. 자녀 세대는 생각이 조금 다를 수 있다. 30년 동안의 안정적인 급여와 연금 수령을 위해 젊은 시절의 희생을 감수할 수 있는 사람은 많지 않다.

부모님 세대와 자녀 세대 간의 성장 배경 차이부터 이해해야 한다고 생각한다. 부모님 세대는 경제 발전 시기를 겪으며 어렵게 살아오셨다. IMF 같은 국가 경제위기를 견뎌내며 지금까지 오신 것이다. 당시에는 학업을 마치면 취업률도 높았다. 자녀들에게는 부모님이 겪었던 어려움을 물려주지 않기 위해 열심히 노력하셨다.

자녀들은 다르다. 부모님이 어려움을 악착같이 버티며 노력해온 결과 자녀들은 예전의 사회적 분위기를 경험해보지 못했다. 그리고 지금의 사회 분위기는 옛날과는 차원이 다른 문제들을 안고 있다. 과거 부모님 세대보다 취업이 훨씬 어려운 현실에 처해 있다. 명문대를 졸업한다고 취업이 보장되지도 않는다. 사회적 분위기는 빠르게 변하고 있다. 우리는 헌신과 희생보다는 개인의 삶의 질, 즉 일과 삶의 균형(Work-Life Balance)을 추구하는 세대이다. 미래를 위해 현재를 어쩔 수 없이 희생하는 것을 쉽게 받아들이지 않는다. 이런 사고를 하는 자녀들에게 과거의 사고방식을 바탕으로 조언한다면 의견 충돌로 이어질 수밖에 없다.

부모와 자식이 처한 환경과 성장 배경이 다르다 보니 가치관의 차이가 발생한다. 이것은 옳고 그름을 따지기보다 가치관이 다르므로 발생하는 것이다. 부사관으로 진로를 고민하고 있다면 부모님과 자녀는 이 부분을 이해하고 대화를 해야 한다. 혹시 자녀가 부사관으로 입대하기를 바라는 부모님이라면 신중하게 생각하셨으면 좋겠다. 혹여나 자녀가 입대 후에 힘들다고 할 때 무엇 때문에 힘든지 진심으로 공감해주기는 쉽지 않다.

'나도 예전에 힘들게 군 생활을 했는데, 요즘 군대 많이 좋아졌다는데?'라는 생각이 든다면 큰 착각이다. 환경이 개선되었다고 군대가 편해진 것은 아니다. 옛날에 힘들었던 군대는 지금도 똑같이 힘들다. 힘들어도 참고 견디라는 말은 자녀에게 위로가 되지 않는다. 자녀는 아무도 알아주지 못하는 고통을 스스로 감내해야 하는 상황과 마주하게 될 뿐이다.

타인의 권유에 의해서든 본인의 의지에 의해서든 결국 본인이 입대한다. 내가 지원서를 제출하고 시험 보고 입대하는 것이다. 어떤 이유에서든 입대하면 모든 결과에 대한 책임은 나에게 있음을 기억해야 한다. 힘들어도 누구를 원망하면 안 된다. 해군은 당신을 부르지 않았다. 스스로 들어온 것이다. 스스로 결정에 따라 모든 일이 이루어진 것이다. 그러므로 입대 전에 신중한 고민과 준비가 필요하다.

Y하사는 부모님의 권유로 입대를 했다. 양성훈련 및 교육을 받을 때는 별다른 문제가 없었다. 문제는 함정 근무를 시작하면서부터 시작됐다. Y는 함정 근무에 적응하기 힘들어했다. 직별에서도 문제를 일으키는 경우가 많았다. 본인도 힘들고 같이 근무하는 동료들도 힘들어졌다. 결국 함정 근무를 제대로 하지 못하고 중도에 하차하고 말았다. 함정에서도 동료들에게 많은 논란거리를 남긴 채 육상으로 전출을 갔다.

이런 경우 본인에게도 손해, 국방에도 손해가 된다. 개인으로서는 일에서 보람을 느끼지 못할 뿐만 아니라 앞으로 남은 의무복무 기간을 견뎌내는 것도 힘들다. 직업군인은 다른 직장처럼 중도에 그만둘 수 없고 반드시 복무기간을 채워야 한다. 인사발령이 본인의 뜻대로 이루어지는 것도 아니므로 주변에 있는 많은 사람이 부담을 느낀다.

W하사도 부모님의 권유로 입대를 했다. 본인의 의지로 입대한 것이 아니어서 교육 성적이 저조한 편이었다. 물론 학습 능력이 사람마다 차이가 있으므로 교육 성적으로 모든 것을 판단할 수는 없다. 성적이 저조하더라도 열심히 생활하며 두각을 나타내는 부사관들도 있기 때문이다. 그러나 W는 실무에서 적응에 어려움을 겪었다. W의 모든 말과 행동이 주목받게 되었다. 임무 수행과 대인 관계도 힘겨워했다.

적응을 힘들어하는 W와 이런저런 대화를 할 기회가 생겨 이야기를 나누었다. 나도 입대 초기에 어려움을 겪었기 때문에 도움을 주고 싶은 마음에서였다. W는 계속해서 문제가 발생하니 본인도 잘하고 싶은데 생각대로 안 되니 답답하다고 했다. 하지만 내가 조언한다고 해서 도움을 주기에는 어려웠다. 지금의 어려움을 개선해나가고자 한다면 본인의 의지와 노력이 필요했다. 매번 참으며 기회를 주어도 예전과 같은 실수들이 반복될 뿐이었다. 부족한 모습이 자꾸 보이니 동료들도 점점 색안경을 끼게 됐다. 말 한마디가 논란이 되고 별 의미 없는 행동도 주목받았다.

시간이 지나 자신의 선배들이 부서를 떠나고 W는 자신의 책임이 커지는 것을 느꼈다. 그동안의 자신의 모습을 돌아보며 이전과 같은 실수를 되풀이하지 않기 위해 열심히 노력했다. 남들은 가늠하지도 못할 힘든 시간을 보낸 W는 본인의 치열한 노력 끝에 인정도 받으며 잘 적응했다.

해군 부사관으로 복무하며 힘들어하지 않는 사람은 보지 못했다. 그중에도 가장 힘들어하는 부류는 부모님의 권유로 입대한 부사관들이었다. 특히 가족 중에 군인이 있을수록 그런 경향이 짙었다. 해군에 대해 많이 듣고 아는 것과 자신이 직접 경험하는 것은 너무나 큰 차이가 난다. 아버지가 군 생활을 오래 하셨다고 해도 아들이 군 생활에 잘 적응하리라는 보장은 없다. 아버지와 아들은 엄연히 다른 존재이기 때문이다.

Y와 W를 보며 나는 어떤 일이든 절대 타인의 기대 때문에 일을 하면 안 된다는 생각이 들었다. 특히나 국가 조직에 소속되어 임무를 수행해야 하는 직업군인의 경우는 더욱 그렇다. 맞지 않는다고 그만둘 수 없고 부적응으로 나

가기엔 부담이 너무 크다. 본래 함정에 승조한다는 것 자체가 쉽지 않은 일이다. 출항하면 밀폐된 공간에서 생활해야 하고 육지와 연락도 자유롭게 취하지 못한다. 같은 공간에 힘들 때 고민을 나눌 수 있는 동료가 있으면 다행이지만 그렇지 못할 때도 있다. 특히나 매사에 서툰 초임 하사일수록 더욱 고립되기 쉬운 실정이다.

자신의 선택으로 들어오지 않았다면 힘든 상황이 닥쳤을 때 견디는 힘이 부족하다. 이 상황을 견뎌내고자 하는 혹은 힘들어도 이겨내고자 하는 의지가 적다. 결국, 장기복무보다 단기복무를 선택한다. '군 생활은 나랑 맞지 않아.'라며 자포자기하고 편한 부서에서 시간을 보내다가 전역을 하는 경우가 많이 발생한다.

타인의 기대에 의해 입대하지 마라. 해군 부사관 생활은 생각보다 쉽지 않다. 나는 '힘들어도 참고 노력하면 괜찮아지겠지.'라는 생각을 했다. 하지만 그것은 큰 오산이었다. 부사관으로서 내가 감내해야 할 책임은 생각보다 컸다. 혹시 해군 수병에서 신분 전환을 하더라도 방심하지 않았으면 좋겠다. 수병 생활을 해서 해군에 잘 적응했더라도 부사관의 세계는 또 다른 세계이다. 해군 부사관 입대를 준비하는 독자들은 마음의 준비를 단단히 하고 입대하도록 하자.

하사로 임관하고 나면 돌이킬 수 있는 것이 없다. 의무복무 기간도 채워야 하고 주어지는 임무도 모두 완수해 나가야 한다. 나는 그 길이 결코 쉽지 않은 길이라는 것을 뒤늦게 절실히 느꼈다. 이제 타인에게 이끌려가는 것보다 자신이 선택하고 책임지는 삶을 살아가자.

돈을 벌기 위해 입대하면 안 된다

직업군인은 특정직 공무원으로 공무원에 준하는 월급을 받는다. 해군은 기본적으로 함정에서 근무하기 때문에 일반 공무원이나 육군, 공군보다 상대적으로 높은 수당을 받는다. 그러나 바다에서 많은 시간을 보내는 것에 비해 수당이 적다고 느껴지기도 한다. 직업군인에 대한 사명감을 바탕으로 복무하지 않으면 자신이 받는 급여에 만족하기 어렵다.

3장.

해군 부사관이
되기 전에
준비해야
할 것들

01

입대 전에 알았더라면
좋았을 것들

초급반 교육 후반부에 접어들면서 함정실습을 갔다. 함정실습은 실습함정을 타고 항해하면서 전반적인 함정 생활을 경험해보는 것이었다. 실습함정은 원산함이었다. 원산함은 기뢰부설함으로 유사시 적 항만에 기뢰를 부설해 적의 함정의 움직임을 봉쇄하는 역할을 하는 전투함이다.

처음 원산함에 승조하자마자 페인트 냄새가 코를 찔렀다. 페인트 냄새와 기름 냄새가 섞인 냄새였다. 우리 주변에 있는 흔한 페인트 냄새가 아니라 아주 오래 묵은 듯한 냄새였다. 배에 승조한 지 몇 분 되지 않아 곧바로 머리가 어질어질해졌다.

정박실습을 마치고 바다로 출항했다. 진해에서 출항해서 제주도까지 다녀오는 일정이었다. 페인트 냄새와 기름 냄새가 혼합된 공기에 점점 속이 안 좋아지기 시작했다. 저녁부터 항해 당직 실습이라 일과 끝나고 잠시 눈을 붙였다가 일어났다. 잠깐 자고 일어나니 멀미 증세는 더 심해졌다.

콘솔 앞에 앉아서 선임 하사와 같이 당직 근무 실습을 했다. 그날따라 너울이 2m 이상으로 심하게 일었다. 난생처음 멀미를 겪으며 정신을 못 차렸다. 콘솔 앞에서 구토할 것 같았다. 머리가 어지럽고 구토 증세가 있는데 동시에 잠이 쏟아지며 눈꺼풀이 무거워졌다. 정말 미쳐버릴 것 같았다. 동기들 몇 명은 이미 입을 틀어막으며 화장실로 뛰쳐나갔고 항해 당직 근무를 마치지 못하고 침대로 직행했다.

'아… 나도 화장실 가고 싶다고 말할까? 죽을 것 같다…'

속으로 수십 번을 되뇌었지만, 오기로 끝까지 버텨보기로 했다. 반쯤 맛이 간 상태로 견디고 있는 모습을 보고 선임 하사는 나의 태도를 칭찬해주었다. 처음이라 힘들 텐데 실무에 나가서도 이런 자세로 근무하라고 격려해주었다. 그 말 한마디가 이후 나의 항해 당직 근무 태도에 좋은 영향을 미쳤다. 선배의 격려가 실무생활에 정말 큰 도움이 되었다. 내 당직 근무시간은 무슨 일이 있어도 철저히 근무하겠다는 마음가짐은 그때 선배의 말 한마디 덕분이었다.

나는 원산함을 타기 전까지 뱃멀미를 겪어보지 못했다. 그래서 멀미가 어떤 느낌인지 생각도 해보지 못했다. 그저 고속버스 타면 느껴지는 그런 피곤함 정도로 예상했다. 내가 직접 겪어보는 뱃멀미는 상상을 초월했다. 도저히 못 견디겠다는 생각이 본능적으로 끝없이 치밀어 오를 줄은 몰랐다. 보통은 처음 배를 타고 몇 주 지나면 멀미에 적응이 된다. 처음 느꼈던 심한 구토 증세 또는 두통은 많이 가라앉는다. 만성피로는 잘 없어지지 않지만, 보통은 생활하는 데 무리 없을 정도로 적응한다.

가끔 멀미에 굉장히 취약한 부사관들이 오는 경우가 있다. 그런 친구들은 항해를 나가면 변기를 부여잡고 산다. 화장실에서 양치하는데 안에서 토하는 소리를 들으면 듣는 사람이 세면대에 토할 지경이 된다. 화장실에 가다가 통로에 토하기도 하고 난리가 나는 것이다. 함정 생활에 적응하지 못하는 대원은 육상근무를 희망하게 되고 얼마 지나지 않아 전역하는 경우가 많았다.

해군은 배에서 의식주를 해결하고 일하고 싸워야 한다. 자신의 당직 근무 시간에는 철저히 당직 근무를 서야 한다. 멀미가 있어도 어쩔 수 없다. 참고 견디고 적응하는 것 이외에는 방법이 없다. 나는 해군에 지원하고 싶은 지원자라면 최소 1번 정도는 뱃멀미를 경험해보는 것이 좋다고 생각한다.

배를 타는 것이 이렇게 힘든 일인 줄 알았더라면 해군에 왔을까? 군함이라는 공간은 육지와는 완전히 다른 환경이다. 사람이 생활할 수 있는 의식주가 갖추어져 있긴 해도 육지와 바다는 기본적으로 환경이 다르다. 우리가 생활하는 배는 바다 위에 떠 있는 것이다. 바다 위의 생활공간이 끊임없이 움직이고 있다.

배를 타면서 느끼는 힘든 점 중 또 하나는 '만성피로'다. 배에서는 아무리 잠을 푹 잔다고 해도 피곤하다. 일정 수준 이상의 몸 상태로 잘 회복되지 않는다.

만성피로의 원인에는 여러 가지 요소가 있다. 끊임없이 움직이고 있는 공간으로 인해 발생하는 멀미. 곳곳에 설치된 수많은 장비에서 발생하는 소음과 진동. 협소한 공간에서 잘 순환되지 않는 대기의 질 등이다. 이런 환경에서 주어진 임무를 마칠 때까지 지내다 보면 피로는 계속 누적된다. 항해를 나가서 3일 정도 지나면 맥이 빠져 좀비 모드로 지내는 이유다. 출동을 다녀오면 입항 후에도 몸이 정상 컨디션으로 회복되는 데까지 며칠 시간이 걸린다.

나는 부사관을 지원하면서 부사관이 어떤 역할을 해야 하는지 몰랐다. 해군 공식 홈페이지에서 부사관을 이렇게 소개하고 있다.

"부사관은 부대의 전통을 유지하고 명예를 지키며, 전투력 발휘의 중추이자 부대 운영의 최일선에 서 있는 간부이다. 또한, 부사관은 장교를 보좌하며, 부대 운영 및 계획의 실질적인 이행과 그 중간 관리자로서의 역할과 임무를 수행한다."

입대 전에 아무리 읽어본들 무슨 말인지 이해가 되질 않았다. 그래서 '에라 모르겠다. 가서 뭐든지 열심히 하면 되겠지!'라는 생각을 했다. 아무것도 모른 채 입대를 위한 준비만 한 채로 그냥 입대했다. 그러나 훗날 직접 경험해본 부사관의 역할과 책무는 생각보다 무겁고 힘든 것이었다.

군 생활이든 직장 생활이든 어딜 가나 힘든 것은 사람이다. 일이 힘든 것보다 사람이 힘든 것이 더 힘든 법이다. 아무리 일이 힘들어도 같이 일하는 사람이 좋다면 함께 힘을 내서 끝낼 수 있다. 그러나 같이 일하는 사람과 관계가 껄끄럽다면 일은 배로 힘들어지게 된다. 부사관의 직무와 위치를 고려하면 인간관계는 더욱 힘들어질 수 있다. 부사관은 장교와 병 중간에 위치하는 계급이다. 위로는 장교를 보좌해야 하고, 아래로는 병을 관리 감독 및 교육을 해야 하는 위치이다. 계층 간에 징검다리 역할을 해야 한다. 따라서 장교, 부사관, 병 모든 계층과의 관계가 원활해야 한다.

특히 초임 하사 계층은 인간관계에서 굉장히 취약하다. 계급은 하사를 달고 있지만, 함정 생활 전반적인 이해와 업무 능력이 이등병의 수준과 다르지 않기 때문이다. 자신보다 계급이 낮은 수병들이라도 그들에게 상급자 예우를 받기란 쉽지 않다. 함정 생활과 업무를 잘하면서 빠르게 적응해 나간다면 수병들과의 관계도 수월해질 것이다. 반대로 함정 생활에 적응을 잘못하고 업무에도 실수가 많은 모습을 보인다면 수병들과의 관계도 어려워진다. 간부로서의 예우는 자신의 몫을 잘 수행하는 것을 기반으로 생기게 된다.

해군 생활에 적응을 잘 못한다면 부사관 계층 사이에서도 관계가 껄끄러워진다. 초임 하사가 힘들어하면 직별 부사관들과 소속 부서를 책임지는 장교도 고민이 될 수밖에 없다. 그때부터 어디에도 의지하기 힘든 고립되는 상황이 발생할 수 있다. 위아래로 받는 스트레스는 더욱 가중될 수밖에 없다. 초기에 적절히 조치하지 못하고 방치되거나 압박이 가해진다면 악성 사고로 이어질 가능성도 커진다.

나는 해군은 이런 곳이라는 것을 입대 전에 누군가가 알려줬다면 좋았을 것 같다는 생각이 들었다. 어떤 어려움이 있을 때 어떻게 해야 한다는 걸 알았더라면 군 생활을 좀 더 윤택하게 할 수 있었을 것이다. 먼저 경험한 선배를 통한 간접 경험은 후배들에게 어려움이 닥쳤을 때 이겨낼 수 있는 큰 힘이 되기 때문이다.

수시로 다가오는 예상치 못한 어려움은 준비되지 않은 나를 사정없이 밀쳐냈다. 끊임없이 시행착오를 겪으며 고민할 수밖에 없었다. 나를 통해 해군 생활에 대한 조언을 구하고자 한다면 나에게 메일을 보내길 바란다. 이 책을 읽는 예비 해군 부사관들은 내가 겪은 어려움을 겪지 않았으면 하는 바람이다.

02

자격증,
입대 전에 제대로 준비하라

첫 실무지 충주함에 전입하고 사통 직별 동기인 K를 만났다. 처음 충주함에 전입하던 날 현문에서 가장 먼저 나에게 인사하며 반겨주었던 동기이다. 동갑에 성격도 좋아서 자주 같이 다녔다. 주말이면 복지관에서 치킨을 먹으며 자격증 공부나 앞으로의 커리어에 대한 이야기를 많이 나누었다. 몇 월까지 이 자격증을 따고, 다음에는 저 자격증을 따자는 등 초임 부사관의 패기로 함께 열심히 해보자는 의지를 다졌다.

하지만 해군은 우리를 가만히 놔두지 않았다. 계속되는 훈련과 출동, 부사관 능력평가 준비 등으로 잠깐 숨 돌릴 틈도 허용하지 않았다. 시간이 지날수록 몸과 마음이 지쳐갔다. 피로에 찌들어 자기 계발보다는 휴식을 선택하는 날이 많아졌다. 우리는 하루하루 견뎌내는 것도 벅찬 초임 하사일 뿐이었다.

함정에 실무배치된 후 나는 매일같이 고군분투했다. 정신없이 진행되는 일과로 하루가 어떻게 지나가는지도 모르며 열심히 뛰어다녔다. 이리 치이고 저리 치이다 정신을 차려보면 일과가 끝났다. 온종일 무엇인가 일을 하는데 일과가 끝나면 내가 무엇을 했는지 기억나는 것이 하나도 없었다. 이런 날들이 매일 반복되며 하루살이 인생을 사는 것 같다는 생각이 들기 시작했다.

함정 근무는 일정한 생활방식을 유지하기 힘들었다. 출동, 훈련 등의 함 일정이 하루에도 몇 번씩 바뀌는 것이 일상이었다. 퇴근 후 밥을 먹다가 비상소집으로 배로 뛰어들어가야 하는 일도 종종 있었다. 출동과 당직으로 항상 피로에 절어 있는데 여유로운 주말 오후에 비상소집 훈련을 하기도 했다. 밤에 잠을 자면서도 혹시나 전화가 올까 항상 신경이 스마트폰으로 향해 있었다. 두 발 쭉 뻗고 휴식을 취할 수 있는 날이 없었다. 여행이나 취미 생활은 나에게 사치일 뿐이었다.

일과가 끝난 후에 숙소에서 편하게 쉴 수 있는 날도 별로 없었다. 과업의 연장인 회식이 자주 있었기 때문이다. 직별 회식, 분대 회식, 부서 회식, 총원 회식, 계급별 회식, 동기 회식 등 각종 회식 행진이 끊임없이 이어졌다. 회식이 한번 시작되면 일찍 끝나는 경우는 거의 없었다. 회식이 끝나고 나면 피곤함에 지쳐 숙소에서 쓰러지기 일쑤였다.

다른 함정에서 근무할 때도 생활은 비슷했다. 자격증 준비는 극도로 피곤한 상황 속에서 짬짬이 준비해야 하는 것이었다. 항해 당직을 마친 후 쉬는 시간에 공부하고, 퇴근 후 피곤함을 무릅쓰고 독서실이나 도서관에서 공부해야 했다.

나는 진급과 장기복무에 늦게 선발된 편이었다. 진급은 4차, 장기복무는 3차에 아슬아슬하게 선발되었다. 초임 하사 때부터 경력 관리와 자격증, 상훈 점수 관리를 제대로 하지 못했기 때문이다. 당시에는 군 생활을 지속해야 하는지에 대한 고민이 있어서 자력 관리에 신경 쓰지 않았다. 선배들이 나에게 수시로 조언을 해줬지만 귀담아듣지 못했다.

함정 근무 도중에 UDT 훈련에 지원하는 바람에 근무 평정은 안 좋을 수밖에 없었다. 함정 근무를 꾸준히 하며 틈틈이 자격증 취득을 했다면 더 일찍 할 수 있었을 것이다. 육상에서 같이 근무했던 선배는 근무 중에 틈틈이 자격증을 준비했다. 나는 그 모습을 옆에서 지켜보았지만 '별로 쓰지도 않을 것 같은데 굳이 그게 필요한가?'라는 생각을 했다.

자격증은 종류에 따라 0.5점에서 2점까지 가산점을 받는다. 선배가 그렇게 준비했던 자격증은 머지않아 좋은 결과로 나타났다. 진급과 장기복무 선발이 된 것이다. 나 또한 머지않아 결과로 나타났다. 진급 선발에 연달아서 탈락하며 고배를 마시게 된 것이다.

나는 UDT 퇴교를 한 이후 1년 동안 육상근무를 했기 때문에 동기들보다 함정 근무 점수가 2점이 낮았다. 육상근무를 하며 상대적으로 여유가 있어도 1년 동안 자격증 준비를 하지 않았다. 동기들은 함정 근무를 하면서도 자격증 준비를 하고 표창도 받으며 차근차근 준비해 나갔다. 열심히 준비해도 모자랄 상황에 이미 3점 이상 뒤진 채로 출발했기 때문에 진급 선발 탈락은 당연하였다.

만약 당신이 해군 부사관을 준비하고 있다면 미리 자격증 준비를 하고 입대하길 바란다. 가산점을 받을 수 있는 자격증의 종류는 다양하다. 그중에서 자신의 직별에 맞는 자격증을 미리 준비해야 한다. 그래야 실무생활을 하면서 시간에 쫓기지 않고 개인 자력 관리에 더욱 집중할 수 있다.

최근 취업난이 심화되면서 해군 부사관에 지원하는 청년들이 늘어나는 추세이다. 그리고 단기복무를 원하지 않고 오랫동안 복무할 수 있는 장기복무를 희망한다.

그렇다면 장기복무에 선발되기 위해서는 어떤 준비를 해야 할까? 나는 크게 4가지 요소를 준비하라고 말하고 싶다. 교육 성적, 근무 평정, 자격증, 표창이다. 여기서 먼저 자격증을 준비해야 한다. 자격증을 제외한 3가지는 입대 이후부터 준비할 수 있기 때문이다. 군에 얽매이지 않고 개인이 준비하기 쉬운 종목이 바로 자격증이다.

진급과 장기복무 선발은 경쟁률이 치열하다. 직별마다 경쟁률이 다르지만 0.1점 차이로 당락이 결정되기도 한다. 누군가 선발이 되면 누군가는 전역할 수밖에 없는 것이다. 그렇다면 어떤 자격증을 준비해야 할까? 직별과 관계없이 공통으로 인정되는 자격증을 2개 이상 준비하라. 진급 선발 및 장기복무에 인정되는 가산점은 3점이다. 자신이 관심 있는 분야 또는 선택하고 싶은 직별과 관련된 자격증을 미리 준비하라. 입대 후에 정말 바쁘고 힘든 순간이 오면 미리 준비한 자격증이 큰 도움이 된다는 것을 알게 될 것이다.

　나는 별다른 준비 없이 해군 부사관이 되었다. 나의 목표는 오로지 특전부사관이 되는 것뿐이었다. 따라서 필기시험 준비, 면접 준비, 체력검정 준비만 하고 입대했다. 그러나 입대 후에 피부로 느끼는 해군은 내 생각과는 너무나도 달랐다. 직별 선택, 조직의 특성, 인간관계, 나에게 주어지는 책임, 직무 등에 대해서는 전혀 고려하지 않았다. 나는 냉혹한 현실을 뒤늦게 깨달으며 많은 대가를 치러야 했다. 그것들이 나에게 닥쳤을 때 나는 맨땅에 헤딩하듯 무작정 부딪치고 깨지면서 하나씩 배워나갔다.

　이 책을 읽는 독자라면 해군 부사관에 대해 관심이 있을 것이다. 나는 해군 부사관을 꿈꾼다면 장기복무를 바라보고 입대를 하라고 강조하고 싶다. 해군은 기술군으로 육군, 공군, 해병대와 약간의 조직적인 특성 차이가 있다. 해군은 함정 하나하나가 전투력이다. 그 함정의 실질적인 운용과 정비를 부사관이 담당하고 있다. 따라서 해당 장비에 대한 깊은 지식과 많은 경험이 요구된다. 오랫동안 다루면서 그 장비의 특성, 정비 능력, 장단점, 고질적인 문제점에 대한 조치사항이 숙달되어야 한다. 유능한 부사관은 하루아침에 만들어지는 것이 아니라 적어도 5년 이상의 경험이 필요한 것이다.

　많은 부사관이 단기복무 4년만 채우고 전역을 한다. 전역을 일찍 하는 원인은 다양하다. 적성에 맞지 않아서, 사람이 힘들어서, 애초에 장기복무 생각이 없어서 등 여러 가지 이유가 있다. 여기서 입대 전에 한 가지 알아두어야 할 것이 있다. 해군은 단기복무 자원을 반기지 않는다는 것이다. 이것은 해군뿐만 아니라 어디든지 마찬가지이다.

한 사람의 부사관을 양성하는 데 큰 비용이 들어간다. 부사관 양성훈련, 후반기 교육, 급여, 식비, 피복, 각종 보급품, 각종 복지혜택 등 수많은 비용이 들어간다. 그 비용은 우수한 부사관을 양성해서 해군에 오랫동안 복무할 수 있도록 지원되는 비용이다. 엄청난 비용을 들여 부사관을 양성했는데 의무 복무만 마치고 전역을 하면 굉장한 손해이다. 그렇게 인원이 중간에 도태되면 국가로서도 낭비이고 개인에게도 크게 남는 부분이 없는 것이다.

'입대를 위한 기본적인 것만 준비하고 나머지는 입대 후에 열심히 하면 되겠지?'

이것이 내가 했던 입대 준비였다. 입대 전에 누군가에게 조언을 구할 수 있었다면 나의 군 생활은 완전히 달라졌을 것이다. 시행착오를 줄이고 안정적으로 커리어 관리를 하며 좀 더 즐겁게 해군 생활을 할 수 있었을 것이다.

아직도 많은 예비 부사관 후보생들이 별다른 준비 없이 입대하고 있다. 해군에 대해 제대로 알지 못하고 막연한 생각으로 지원하기 때문이다. 나는 현재 네이버 카페 〈해군부사관취업진로연구소〉를 운영하며 해군에 입대하고 싶은 청년들에게 해군 부사관 입대 준비 방법과 해군 생활 노하우를 알려 주고 있다. 또한 초임 하사들이 해군에 잘 적응하고 진로를 선택할 수 있도록 조언해주고 있다. 나의 경험과 깨달음이 해군 생활을 힘들어하는 이들에게 희망이 될 것이라는 믿음을 가지고 활동하고 있다.

1박 이상 배를 타보는 경험을 해보자

해군 부사관은 기본적으로 배를 타고 항해를 하는 직업이다. 항상 뱃멀미 속에서 일하며 생활해야만 한다. 많은 사람이 뱃멀미가 어떤 느낌인지 모른 채 입대 후에 처음 경험해보고 힘들어한다. 입대하기 전에 최소 1박 이상 여객선이나 페리 같은 배를 타보고 뱃멀미라는 것이 어떤 느낌인지 경험해본다면 입대 후에 함정 근무 적응에 큰 도움이 될 것이다.

해군이
수영을 못한다고?

해군은 바다에서 전투한다. 전투에서 싸우면 반드시 이겨야 하겠지만 비상시를 대비해서 바다에서 생존하는 훈련도 받는다. 그렇다면 바다에서 싸워야 하는데 승조원이 물에 대한 두려움이 있으면 괜찮을까? 나는 부사관 입대 준비를 하는 커뮤니티에서 활동하고 있다. 거기에는 현역, 예비역, 예비 부사관 후보생 회원들이 있다. 해군 관련 게시판을 둘러보다 보면 안타까운 질문을 하는 사람들이 많이 보인다. "다음 달에 해군 입대하는데 수영을 못해도 괜찮을까요?" 같은 질문이 끊임없이 올라온다. 그러면 거기에 현역 또는 예비역 회원들이 답변한다.

"수영을 못해도 훈련소에서 다 가르쳐주니 괜찮아요."

1주일간의 수영주 기간에 수영을 배우지만 그때 익힌 수영 능력은 훈련이 끝나면 금방 사라진다. 솔직히 말해 수영을 배운 것이 아니라 25m만 갈 수 있도록 훈련받은 것이다. 훈련소에서는 어쨌거나 평가 기준에 통과하면 끝이니 말이다. 나는 답변자들에게 묻고 싶다.

"정말 훈련소에서 수영 배우셨나요?"

수영을 잘하고 못하고는 별로 문제 되지 않는다. 비상시에는 라이프 자켓을 기본적으로 착용하기 때문이다. 문제는 물에 대한 공포심이다. 기본적인 수영 실력이 부족하다면 물에 대한 공포심이 있을 수밖에 없다. 코에 물이 들어가거나 물을 먹게 되면 패닉 상태에 빠지게 된다. 이를 극복하기 위해서는 물에 대한 적응이 우선되어야 한다.

부사관 훈련 교육 과정 중에 수영을 배운다. 1주일 정도 오전, 오후 수영장에서 기본 영법 숙달 훈련을 받는다. UDT 교관들이 수영할 수 있도록 일정 수준까지 만들어준다. 수영을 배우지 않고 입대한다면 수시로 기합도 받으면서 수영장을 돌 것이다. 기본적인 동작을 교육받고 물에 들어가게 된다. 지금껏 물에 제대로 들어가보지도 못했는데 육상에서 팔다리 몇 번 저어본들 잘 되겠는가? 결국, 수영장 물맛도 보면서 영법을 조금씩 터득하게 된다.

해군에 입대할 마음이 있다면 최소한 기본적인 영법은 배우고 입대하길

권한다. 수영장에서 2~3달만 강습받으면 충분히 해낼 수 있다. 맥주병 교육생이 짧은 시간에 훈련소에서 요구하는 수준에 도달하기엔 쉽지 않을 것이다. 정규 교육시간에 평가 기준에 통과하지 못한다면 그만큼 훈련량이 늘어나는 것도 당연하다. 오후 훈련이 끝나고 동기들은 휴식시간을 가질 때 수영장에서 야간훈련을 받게 될 것이다. 그러니 시간적 여유가 있다면 수영을 배우고 입대하라.

UDT, SSU 지망생이라면 최소한 수상 인명구조 요원 자격을 취득하고 지원하는 것이 많은 도움이 된다. 자격증을 따면서 기본영법, 체력, 잠영, 입영, 기본 구조 영법 등의 기본적인 능력을 습득하기 때문이다.

수영을 잘 못한다면 실무생활 중에도 스트레스를 받게 된다. 어떻게든 훈련에 빠지고 싶고, 피하고 싶은 마음이 들게 마련이다. 기본 영법을 제대로 배우고 간다면 수영 훈련을 즐기면서 보낼 수 있다. 또한, 훈련소를 수료하고 난 이후 실무생활을 할 때 물에서 하는 훈련에 자신감을 가지게 될 것이다.

이 책을 읽는 독자들은 최소한의 준비는 하고 입대했으면 하는 바람이다. 어차피 전역할 때까지 물에서 하는 훈련은 계속하게 될 것이다. 그것은 해군으로서 기본적인 훈련이다. 물에서 하는 훈련은 기초군사교육단에서 끝나는 것이 아니다. 감투수영, 이함훈련, 수영검정, 탈출훈련, 방수훈련 등 다양한 훈련들이 기다리고 있다. 그러니 입대 후에 고생하지 말고 하루 1시간씩 수영장 다니면서 편하게 배워라. 미리 준비해서 자신감을 가진 상태로 출발하자.

해군에 오래 몸담을 생각이라면 물에서 할 수 있는 것은 무엇이든 배워두면 언젠가는 도움이 된다. 나는 수영 이외에도 스쿠버다이빙과 수상 인명구조 요원 자격을 취득했다. 취미로 혹은 평소 관심이 있어서 취득한 것이지만 훗날 모두 도움이 되었고 필요한 때에 활용할 수 있었다.

초임 하사 시절 UDT 교육대에서 퇴교한 이후 부산에 있는 육상부대로 전출을 갔다. 육상부대에서 근무하면서 몸과 마음에 안정을 취하는 시간을 가졌다. 몸은 편했는데 정신적인 후유증은 쉽게 사라지지 않았다. 두 번 다시 기회를 얻지 못하는 것에 대한 좌절감과 준비되지 않은 군 생활에 대한 막막함이 가장 컸다. 잠을 자면서 UDT 교육대에서 훈련받는 꿈을 자주 꿨다. 동기들과 같이 뛰며 훈련받고 싶었다.

이런 고민을 누구에게도 말하기 힘들었다. 부모님에게도 말할 수 없었다. 선배에게 말하자니 나약하다는 소리를 들을 것 같았다. 직별장에게 말하자니 고민이 해결되기보다 관심병사가 될 것 같았다. 그렇게 나는 속으로 끙끙 앓으며 혼자 병들어가고 있었다. 지금 생각해보면 혼자 끙끙 앓지 말고 차라리 직별장에게 속 시원하게 말을 하는 것이 나았다고 생각한다. 당시에는 힘들다 보니 부정적인 사고가 가득 차서 그랬던 것 같다. 시간이 지날수록 증세는 더욱 심각해졌다. 답답한 마음을 이기지 못해 스스로 해결 방안을 찾아야만 했다.

그러던 중 부산에 스쿠버다이빙 교육센터가 있다는 것을 알게 되었다. 스쿠버다이빙을 하면 내가 이루지 못한 것들에 대한 욕망이 조금은 해소될 것 같았다. 마침 친한 선배가 스쿠버다이빙에 관심이 있던 터라 같이 배우자고 했다. 스쿠버다이빙 센터에 등록하고 선배와 같이 오픈워터 다이버 자격증을 취득했다. 부대가 부산에 있었기 때문에 퇴근하고 바로 갈 수 있어서 편했다. 취미 생활을 즐기며 마음은 안정을 찾아가기 시작했다. 생활에 활력을 되찾았고 실무생활을 다시 열심히 할 수 있게 되었다.

그로부터 몇 년이 지나 나는 잠수함 승조원이 되었다. 잠수함 기본 과정을 수료하고 209급 잠수함인 이순신함에 배치되었다. 그곳에서도 물에서 하는 훈련은 계속되었다. 해상에서의 생존을 위한 기초 수영 훈련, 잠수함 수중탈출훈련, 잠수 자격 유지훈련 등의 훈련을 받았다. 기본적인 수영을 할 줄 알았던 나는 모든 훈련이 즐겁고 재미있었다.

잠수함에서는 함 승조원 중 자체적으로 잠수자격자를 선발해서 운용하고 있다. 은밀성이 생명인 잠수함의 선체나 추진 프로펠러에 어망 및 이물질이 걸렸을 경우 함 자체적으로 문제를 해결하기 위해서이다. 오픈워터 다이버 자격이 있던 나는 이순신함의 잠수자격 승조원으로 선발되었다. 매년 해난구조대 SSU에서 실시하는 잠수자격 유지훈련에도 파견되며 수중감각을 유지하고 개발할 수 있었다.

이순신함은 2019년에 PAC-REACH 훈련에 참여했다. 19년 PAC-REACH는 호주 해군 주최로 시행한 다국적 연합 잠수함 구조훈련이다. 미국, 한국, 호주, 말레이시아, 싱가포르, 일본 6개국이 참가했다. 한국에서 호주까지 항해하려면 괌에 있는 미군 기지에서 군수적재를 해야 했다. 주식 및 부식, 유류수급을 하고 호주로 출발해야 했다.

괌에 정박해서 군수적재를 하던 중 선저검사가 필요한 일이 생겼다. 위생수 배출구에 이물질이 걸려 위생수가 원활하게 배출되지 않는 일이 발생한 것이다. 기관장님은 잠수자격자였던 보수관과 나에게 이물질 제거와 선저검사를 맡겼다. 매년 해난구조대 잠수 자격 유지훈련에서 선저검사 교육을 지속적으로 받았기 때문에 바로 준비를 하고 입수했다.

위생수 배출구에 걸린 이물질을 제거하고 추진기 쪽으로 이동했다. 함미 수직, 수평타를 확인하고 프로펠러 쪽을 살펴보는데 뭔가 이상한 것이 눈에 보였다. 프로펠러 날개 쪽에 어망 일부가 감겨 있던 것이다. 입수 전에 준비한 칼로 어망을 제거하고 선저검사를 마쳤다.

사실 잠수 자격 유지훈련은 내가 원해서 했던 것이 아니다. 업무 하느라 바쁜 와중에 스쿠버다이빙 자격증 있는 사람을 조사하길래 무심코 대답한 것이 훈련으로 이어졌다. 솔직히 말하면 훈련을 안 가고 싶어서 빠질 수 있는지 물어보기도 했다. 이미 명단이 상부에 보고되었기 때문에 빠질 수 없다고 해서 어쩔 수 없이 하게 된 것이었다. 당시에는 잠수함 승조 자격부여 제도인 SQS(Submarine Qualification System)와 업무에 지쳐 있던 상황이라 그런 마음이 들었던 것 같다.

시간이 지난 후에 그런 생각과 태도를 보였던 것에 대해 반성했다. 사소하게 보여도 무엇이든 준비하는 사람은 반드시 쓰임받는 날이 온다. 그러니 무엇을 하는 것이 좋을지 남에게 물어볼 시간에 당신이 원하는 것을 준비해라.

이제 인터넷 커뮤니티에 "수영 잘 못하는데 괜찮을까요?"라는 질문은 그만 올리자. 그 시간에 동네 수영장에 전화해서 수영 강습 등록을 해라. 수영 안 배우고 입대한다면 큰코다치게 될 것이다. 그러나 수영을 조금이라도 배우고 간다면 당신은 물에서 하는 모든 훈련을 받을 때 물개처럼 자유로워질 것이다. 지금 당신이 해군 부사관 입대를 앞두고 있다면 생각보다 행동해야 할 때다. 당신이 질문글 올리고 있을 시간에 동기들은 운동장에서 뛰고 있고 수영장에서 열심히 수영하고 있을 것이다. 지금 당장 수영복을 챙겨서 수영장으로 달려가자.

04

미디어가 심어준
환상에서 벗어나라

"아~ 내일 또 출항이야? 좀 쉬었으면 좋겠다."

"그러게 말이다. 난 왜 맨날 출항 전날만 되면 당직이지? 야근인데 제대로 쉬지도 못하고 미치겠네. 한두 번도 아니고…"

"어휴…. 이제 그러려니 한다. 고생했다."

동기와 정박 현문 당직 근무 교대하면서 투덜거렸다. 매일 바쁜 함 일정으로 파김치가 되어 있던 우리에겐 이런 대화가 일상이었다. 입만 열면 한숨 쉬고 불평불만이 가득했다. 당시 내가 탔던 배는 수리가 끝난 후 거의 매일 훈련을 위해 출항하던 때였다. 수리 기간에 어느 정도 휴식은 취했지만, 또다시 함 일정이 시작되니 힘들기는 마찬가지였다.

오전에 출항 준비를 마치고 출항을 했다. 동기는 야간 당직 근무를 마치고 연달아서 항해 당직 근무를 섰다. 동기의 눈을 보니 피곤함에 눈이 빨갛게 충혈되어 있었다. 새벽 4시까지 야간 당직 근무를 서면 오전 10시까지는 비번 시간이 있다. 하지만 아침 일찍 출항하는 바람에 잠깐 눈 붙였다가 7시 30분에 일어난 것이다. 동기와 같은 공간에서 항해 당직 근무를 섰다. 피로감에 젖어 있는 동기와 나는 쏟아지는 졸음을 이기기 위해 분투했다. 기지개를 켜고 수시로 스트레칭하며 졸음을 쫓으며 당직 근무를 마쳤다. 함정 생활은 이 같은 생활 방식이 계속 반복되었다.

30대 선배가 자신이 부사관 면접을 보았을 때 이야기를 들려주었다.

"부사관으로 지원하신 동기가 뭐죠?"
"저는 어릴 때부터 군에 대한 동경이 있었습니다."
"그 동경이라는 것이 무엇이죠?"
"…"

선배는 동경에 대한 질문에 제대로 대답하지 못했다고 한다. 군에 대한 동경이 있었다고 말하면서도 그 동경이 무엇인지 잘 몰랐다. 면접은 통과가 되어서 부사관 생활을 시작했다. 군 생활을 하면서도 내가 왜 군인이 되었는지에 대한 물음은 계속 따라다녔다고 했다.

솔직히 말하면 면접에서 그렇게 대답은 했지만, 진짜 부사관이 되고 싶은지에 대한 고민은 아니었다고 했다. 하고 싶은 일은 다양하게 많았다고 했다. 그러나 현실적인 문제에 부딪히자 몇 가지 선택지 중 부사관을 선택했던 것이라고 했다.

선배의 말을 듣고 나도 격하게 공감을 했다. 나 역시 군에 대한 동경이 있었다. 당시 내가 처한 상황 속에서 내릴 수 있는 선택지 중 하나였다고 말했다. 선배와 대화를 나누고 나서 나도 왜 해군에 왔는지, 왜 직업군인이 되었는지 고민하게 되었다.

부사관 커뮤니티에서 회원들이 부사관을 지원하는 동기에 대해 자주 보게 된다. '어릴 때부터 군에 대한 동경이 있어서', '국가에 헌신하고 싶어서' 등이다. 나도 비슷한 동경과 이유가 있었다.

여기서 잠깐, 국가에 헌신한다는 것이 어떤 것인지에 대해 생각해보았으면 좋겠다. 군대는 국가 비상사태 시 국민의 안전과 생명을 지키는 조직이다. 따라서 유사시 전투를 치러야 한다. 국가에서 필요로 할 때 다른 어떤 것보다 우선순위로 주어진 임무를 수행해야 하는 조직인 것이다. 예비 후보생들의 지원 동기를 볼 때마다 국가에 대한 헌신보다 내 개인의 안위만을 추구했던 시절의 경험이 떠올랐다.

경비 임무를 마치고 모항에 입항했을 때였다. 숙소에서 밀린 빨래를 돌려놓고 저녁을 먹던 중 비상소집이 걸렸다. 근처 해상에서 사고가 난 것이다. 먹던 식사를 방에 그대로 두고 배로 뛰어갔다. 잠시 후에 바로 출항명령이 떨어졌고 즉시 사고해역으로 이동했다. 긴급출항에 대한 준비를 제대로 하지 못했다. 속옷, 양말도 1~2개 정도만 챙겼을 뿐이었다. 사고해역에서 약 9일 정도 수색 임무를 수행했다. 임무를 마치고 입항해서 숙소에 가보니 빨래를 돌렸던 옷은 모두 사라졌다. 두고 갔던 식사도 내려놓은 그 자리에 부패되어 있었다.

이후 나는 국가에 헌신한다는 것이 어떤 것인가에 대해 생각하기 시작했다. 군인에게는 국가가 필요로 할 때 무조건 부름에 응해야 하는 의무가 있었다. 국민이 위험에 처했을 때 기꺼이 구조해야 하는 의무가 있는 것이다. 하지만 나는 그 상황에서 불만과 불평을 했다. 군에 몸담고 있으면서도 내 개인의 생활과 편안만 생각했지 국가에 희생해야 하는 직업의 본질을 생각하지 않았다. 그때부터 '국가에 헌신하고 싶다'라는 말의 무게감을 느끼게 되었다.

TV에서는 종종 군대에 관한 멋진 영상 뉴스들이 방송된다. 미사일을 발사하는 장면, 함포를 쏘는 장면, 열 맞춰 멋지게 전술 기동하는 장면 등이 그런 것들이다. 그런 해군의 멋진 모습을 보며 해군에 가고 싶다는 꿈을 가지게 된다. 나도 저런 배를 타고 싶다는 상상을 하면서 말이다. 신형 함정이 진수되는 뉴스를 볼 때는 신형 함정을 타고 싶다는 생각을 했다.

그런 생각을 한 지 얼마 지나지 않아 진짜 신형 함정으로 발령받았다. 해군에 인도되어 이제 실전 배치된 함정으로 간 것이다. 나는 신형 함정으로 갈 생각에 흥분과 기대에 가득 찼다. '지금 타고 있는 배보다 시설이 좋겠지? 생활환경이 훨씬 깨끗하고 넓겠지?' 같은 기대를 했다.

배에 전입 후 얼마 지나지 않아 나의 기대와 이상은 산산조각이 났다. 선배들과의 관계가 원만하지 않았다. 직별 선배들은 모두 좋았지만 다른 승조원들과의 관계가 힘들었다. 그때 나는 깨달았다. 배가 크고 좋다고 해서 해군 생활이 윤택해지는 것이 아니라는 것을. 결국 어딜 가든 사람이 전부라는 것을.

막상 해군에 입대하면 입대 전에 보았던 멋진 장면들은 1년 중 몇 번 보지 못한다. 솔직히 말하면 나는 별로 보고 싶지 않았다. 내가 그 장면을 볼 수도 없을 뿐만 아니라 무엇보다도 배를 타는 것 자체가 힘들었기 때문이다. 간절히 상상하며 바랐던 일인데 참 아이러니하지 않은가? 입대 전과 후의 마음가짐은 많이 달라져 있었다. 바쁘고 힘든 날들이 계속될수록 나는 현실에 찌들고 지쳐갔다. 입대 전에 꿈꿨던 멋진 장면을 위해 출항을 하는데 출항이고 뭐고 나가고 싶지 않다는 생각으로 바뀌었다. 기상이 악화되어 훈련이 취소되기만을 바라는 모습으로 변해버렸다.

배를 타고 바다에 나가게 되면 미디어에서 보았던 모습과는 조금 다른 모습을 보게 된다. 온몸에 진동이 느껴지는 시끄러운 엔진룸을 순찰하거나, 함외에서 차가운 바닷바람을 맞기도 한다. 혹은 어두컴컴한 탄약고에서 대기하거나 모니터밖에 안 보이는 어두운 전투정보실에서 하루 8~12시간씩 콘솔 앞에 앉아 있게 된다.

입대 전에는 해군이 입는 근무복이 멋있어 보였다. 카키색 하근무복에 게리슨모를 쓰고 있는 모습이 마음에 들었다. 막상 내가 입어보니 별로였다. 외적인 모습이 별로라는 말이 아니었다. 내가 항상 가지고 있었던 의문은 '과연 이 복장이 실용성이 있는 것인가'였다. 한여름 뙤약볕 아래에서 근무복을 입고 현문 당직 근무를 서면 온몸에 땀이 줄줄 흐른다. 겨드랑이와 등이 점점 땀으로 젖어 들어간다. 게리슨모도 피부에 닿는 부분이 땀과 기름으로 젖어 지저분해졌다. 항상 다림질로 주름을 잡아서 깨끗하게 입어야 하는 근무복이었기 때문에 더 신경 쓰였다.

나는 각종 미디어 매체를 보며 환상을 많이 가졌다. 해군에 대한 유튜브 영상, 다큐멘터리, 사진 등을 보며 꿈을 키웠다. 멋진 영상에 나오는 순간에 내가 있었으면 하는 바람이 컸다. 그러나 직접 부사관 생활을 하며 겪었던 군의 모습은 생각보다 내 이상과 격차가 컸다. 나는 깨진 환상 속에서 현실에 적응할 때까지 뼈아픈 일들을 겪으며 대가를 치러야 했다. 기대감이 컸던 만큼 실망감도 컸다.

내가 환상을 가지고 입대해서 시행착오를 겪었듯이 아직도 많은 후배들이 막연한 동경을 가지고 입대하고 있다. 내가 경험한 일들을 알려서 새로 입대하는 후배들에게 도움을 주고 싶었다. 나의 이야기를 알릴 방법을 고민했고 그것들을 실행하기로 했다.

첫 번째로 나는 책을 써서 작가가 되기로 했다. 나의 경험과 이야기를 책에 담아 해군 부사관을 준비하는 예비 후보생들에게 도움을 주기로 했다. 두 번째는 유튜브를 통해 내가 경험한 해군 경험을 사람들과 공유하기로 했다. 또한 네이버 카페를 만들어 해군 부사관에 대한 정보를 공유하고 입대 준비를 위한 상담을 하기로 했다. 나의 이야기를 알린 덕분에 많은 해군 부사관 준비생들이 조언을 얻고자 이메일, 전화로 코칭 문의를 한다.

진해 군항제에 참여해보자

해군에게 고향과도 같은 진해에서는 매년 봄 군항제가 열린다. 이때 해군에서는 벚꽃축제와 함께 부대 개방을 하며 다양한 행사를 개최한다. 해군사관학교 견학, 함정공개 행사 등에 참여하면서 해군을 미리 경험해보는 좋은 기회를 가질 수 있다.

군에 대한 환상을 가지고
입대하지 마라

많은 사람이 해군에 입대하면서 나름대로 이상을 품고 온다. 나도 그중 한 사람이었다. 나는 해군 부사관으로 입대하면서 UDT 부사관이 되고 싶었다. 특전요원으로 청해부대에 파견되어 해적들을 검문검색을 하는 것과 구출하는 모습에 매력을 느꼈다. 나중에 이것이 얼마나 철없는 환상이었는지 깨닫게 되었지만 말이다.

또 하나 가지고 있었던 환상은 하얀 정복에 대한 환상이다. 해군 간부들이 입는 하정복은 눈부시게 멋있었다. 나도 꼭 저 옷을 입어보고 싶다는 강렬한 열망이 있었다. 입대 전에 구글링하면서 해군 정복에 대한 사진들을 찾아보며 꿈을 키워나갔다. 해군에서 근무하면 멋진 정복을 많이 입게 될 줄 알았다. 그것은 큰 착각이었다. 실제로는 1년에 한두 번 입을까 말까였다.

정복을 입을 때는 정해져 있다. 전출입 신고할 때, 지휘관 이취임식 행사를 할 때, 함정공개 행사를 할 때, 교육 신고를 할 때 등이다. 공식적인 행사 이외에는 입을 일이 없었다. 한번 입고 세탁 맡기면 내년까지 장롱에 그대로 남아 있는 것이었다.

정복은 몸에 딱 맞게 맞춤으로 제작되기 때문에 살이 찌게 되면 옷이 잘 맞지 않아 너무 불편했다. 특히 불편했던 점은 하정복의 차이나 칼라였다. 실무생활을 하며 조금씩 체중이 불어났다. 이때 목에도 살이 찌는지 차이나 칼라를 채우면 목에 핏대가 설 정도로 꽉 조였다. 생각보다 불편한 정복을 몇 번 입고 나니 내가 가지고 있던 환상은 흔적도 없이 사라졌다.

사람은 누구나 경험해보지 못한 것에 대한 동경심을 가지고 있다. 나는 어떤 것에 대한 동경이 있다는 것은 나쁘다고 생각하지 않는다. 어떤 것에 대한 동경은 목표를 달성하는 데 큰 동기 부여가 되기 때문이다. 문제는 그 동경을 달성하고 난 이후에 발생한다. 혹은 동경하는 것을 이루지 못하는 상황이 생기거나 이상과 현실의 차이가 클 때 생긴다.

같은 부서에 새로운 후배가 전입 왔다. 나이는 나랑 비슷했는데 대학 공부를 하고 왔기 때문에 늦게 입대를 한 경우였다. 군사학과를 졸업해서 군사 지식에 있어 굉장히 해박했다. 각종 무기 체계 등에 대해서 모르는 것이 없을 정도였다.

그런데 조금씩 시간이 지나면서 그 후배에 대한 안 좋은 소문이 들리기 시작했다. 아직 실무생활에 잘 적응하지도 못했는데 너무 아는 체한다는 것이었다. 직별 직무에서도 부족한 부분이 눈에 띄는 적이 많았다. 초임 하사이기 때문에 직무에 서툰 부분은 어쩔 수 없지만 안타까운 마음이 들었다.

나는 해박한 군사 지식은 해군 생활에 별로 도움이 되지 않는다는 것을 깨달았다. 물론 모르는 것이 많은 것보다 아는 것이 많은 게 좋다. 하지만 우선순위를 잘 두지 못한다면 해박한 지식은 오히려 독이 되는 경우가 많이 발생했다.

초임 하사로서 우선순위를 두고 먼저 준비되어야 하는 것이 있다. 바로 승조원들과의 신뢰 형성과 직별 전문성을 살리는 것이다. 자신이 다양한 지식을 가지고 있다고 해도 그것을 드러내기까지는 절대적인 시간이 필요하다. 이제 입대한 지 얼마 되지 않은 초임 하사는 해군의 분위기와 전통, 관례 같은 요소들에 익숙하지 않다. 내가 처음 배에 전입하자마자 당직사관과 면담할 때 전역할 생각이 있다고 말했던 것처럼 말이다.

후배와 같은 사례를 예방하기 위해 해주고 싶은 조언이 있다. 일단 주어진 일을 최선을 다해 묵묵히 해내야 한다. 당신은 아직 해군에 대해서 잘 모른다. 해군에 대해서 잘 모른다는 말은 지식적인 면을 말하는 것이 아니다. 해군의 규율, 행동, 생각, 관례, 전통, 팀워크가 아직 당신의 몸에 체화되지 않았다는 의미이다. 이것은 책이나 교육을 통해 배울 수 있는 것이 아니다. 당신이 소속된 함정에서 승조원들과 같이 먹고, 자고, 놀고, 대화하고, 임무 수행하고, 함께 땀 흘리며 뛰는 시간을 보낸 후에 자연스럽게 형성되는 것이다.

그러므로 동료들과의 신뢰가 형성되기 위해 반드시 절대적인 시간이 필요하다. 그 시간 동안 당신은 열심히 공부하고 생활하며 주어진 일을 완벽하게 해낼 수 있도록 노력하라. 그러면 승조원들은 당신을 같은 배를 타는 승조원 중 한 사람으로 받아들이고 인정하게 될 것이다. 그 과정에서 당신은 많은 것들을 배우고 깨닫게 된다. 어떤 말을 하는 것이 좋을지 안 좋을지도 알게 된다. 시간을 두고 묵묵히 견뎌내면 해군의 문화와 전통이 당신 안에 생기게 된다. 그때가 되었을 때 당신이 가지고 있는 지식들을 조금씩 풀어나가 본다면 동료들이 당신을 보는 눈이 달라질 것이다.

가끔 군에 대한 환상이 많은 부사관을 보곤 한다. 대개 특정한 분야에 대해 엄청나게 파고들어 모르는 것이 없다. 한 동기는 군함에 대한 모든 것을 알고 있었다. 전 세계 군함에 대한 제원, 역사 등에 대한 모든 정보를 꿰고 있었다. 나는 그 친구가 정말 대단하다고 느꼈다. 일부러 공부하려고 해도 어려운 정보들이 머리에 다 들어 있다는 것이 경이로웠다. 교관들도 그 동기의 지식 수준에 깜짝 놀랄 수준이었다.

그렇지만 해박한 지식이 실제적인 교육 성적과는 직결되지 않았다. 익혀야 하는 실제적인 지식을 습득하는 부분에서는 약점을 보였다. 실무에 가서도 적응에 어려움을 겪고 있다는 소식이 들렸다. 결국, 육상부대로 전출을 가게 되었고 전역을 선택하게 되었다. 전역지원서를 제출했다는 동기의 말을 듣고 아쉬움이 남았다. 나름대로 꿈을 가지고 그것을 이루기 위해 해군에 들어온 동기였다.

육상부대에서 전역 준비를 하고 있다는 소식을 듣고 마음이 아프기도 했지만, 한편으로는 오히려 그것이 그에게 잘된 일이라는 생각도 들었다. 원했던 군 생활을 일찍 마치게 되었어도 자신이 꿈꾸던 일을 위해 열심히 노력했다. 최선을 다했고, 하고 싶은 일에 도전했다. 단지 직업과 직무가 자신에게 적합하지 않았을 뿐이다. 그것을 알게 된 것으로 충분했다.

해군에서 자신의 길을 찾지 못했지만, 그 동기는 누구보다 강한 열정과 에너지를 가지고 있었다. 또한, 후회가 남지 않도록 하고 싶은 일에 용기 있게 도전했다. 그런 경험을 바탕으로 사회에서 자신에게 맞는 길을 찾을 수 있을 것이라는 확신이 들었다. 나도 지금까지 여러 번의 실패를 겪으며 군 생활을 했었기 때문이다. 실패했을 당시에는 누구에게 말도 못하고 쓰라린 마음을 혼자 삭여야만 했다. 수시로 선배에게 조언을 구했다면 그런 일을 겪지는 않았을 것 같다. 그렇지만 실패를 통해 나는 소중한 교훈을 배웠다. 도전과 실패는 자신이 하고 싶은 일과 해야 하는 일, 할 수 있는 일을 찾아가는 과정 중 하나이다.

군에 대한 환상을 없애려면 어떻게 해야 할까? 나도 환상을 많이 가지고 있었지만, 어느 정도의 환상을 가지는 것은 괜찮다고 생각한다. 기억해야 할 것은 어떤 환상이 군 생활의 목표가 되어선 안 된다는 것이다. 그 환상을 이루고 난 후에는 허탈함이 남는다. 환상이 클수록 실망도 크다는 것을 기억했으면 좋겠다.

해군 부사관 입대 준비를 하고 있다면 현역 혹은 예비역 선배들에게 조언을 구하는 것이 좋다. 이미 먼저 길을 걸어본 사람으로서 장단점에 대해 조언해줄 수 있기 때문이다. 다양한 경력과 계층의 선배들에게 조언을 구한다면 시행착오를 줄일 수 있을 것이다. 시행착오를 겪으며 깨달음을 얻는 것도 좋다. 더불어 선배들의 경험과 지혜를 내 것으로 만들 수 있다면 더욱 현명하게 군 생활을 할 수 있을 것이라 믿는다.

06

직별 선택의 기준은
적성이다

'직별 떨어지면 임관 전날이라도 퇴교하고 집에 가라. 내가 장담한다.'

이 글은 부사관 교육대대 화장실 문에 적혀 있던 낙서이다. 지금은 생활관 건물이 리모델링되어 없어졌다. 나는 이 문구가 정말 명언이라고 생각한다. 물론 정신없이 훈련받을 때는 진짜 의미가 무엇인지 생각해볼 겨를이 없었다. 매일 큰일을 볼 때마다 문에 적혀 있는 문구를 보았는데도 말이다. 지금 생각해보면 선배 부사관이 진심으로 후배들을 위하는 마음으로 저 말을 썼다는 생각이 든다.

이 말을 부사관 교육대의 소대장이나 교관이 본다면 싫어할 수도 있을 것 같다. 후보생이 교육 도중에 퇴교하면 퇴교를 위한 행정 절차를 밟아야 하기 때문이다. 하지만 다른 관점에서 한번 생각해보자. 원하지 않는 직별을 선택한 후보생이 적성에 맞지 않아서 4년만 복무하고 전역을 했다고 가정해보자. 군 생활에 뜻이 있는 사람이라면 전역 후 다시 입대해서 재복무할 가능성이 크다. 실제로 그렇게 재복무하는 부사관들이 적지 않다.

반면에 원하지 않는 직별을 선택한 후보생이 교육 도중에 퇴교했다. 2개월 남짓 훈련받은 것이 아깝긴 하지만 퇴교 후 다음 기수에 지원하여 자신이 원하는 직별을 선택했다. 직별이 적성에 잘 맞을 뿐만 아니라 장기복무에 선발이 되어 유능한 부사관이 되어 생활하고 있다. 두 가지 사례 중 어떤 사례가 낫다고 볼 수 있을까? 예비 해군 부사관 후보생이라면 진지하게 고민해볼 만한 문제라고 생각한다.

훈련소 소대장과 교관들도 장기복무를 하는 부사관들이다. 교관으로서도 잠도 제대로 못 자며 힘들게 양성한 부사관들이 적응하지 못하고 전역하는 것을 원하지 않을 것이다. 소대장과 교관도 직무기간이 끝나면 각자의 직별 임무를 수행한다. 실무에서 자신이 양성한 교육생이 왔는데 전역하고 싶다고 하고 의지도 없다면 기분이 어떻겠는지 생각해보라. 다른 사람을 받을 수도 없고 부족하더라도 어쩔 수 없이 이끌고 가야 한다. 그럴 바에는 차라리 깔끔하게 퇴교하고 원하는 직별로 다시 입대하라. 장기적으로 봤을 때 그것이 국방과 개인 모두에게 이익이다.

나는 뒤늦게 직별 선택의 중요성을 깨달았다. 도전하고 실패하고 실무생활 경험이 쌓여가면서 후보생 시절에 보았던 그 문구가 조금씩 이해되기 시작했다. 부사관은 한번 직별을 선택하면 짧게는 4년 길게는 30년 이상 한 분야에서 전문 지식을 쌓고 기술을 갈고닦아야 한다. 그런데 이렇게 중요한 선택을 입대 전에 깊이 고민해보지 않는 경우가 많다. 그에 따르는 어려움이나 책임은 온전히 본인이 짊어져야 하는데 말이다.

부사관 교육대에서의 훈련이 절반 정도 지났다. 4주간의 군인화 교육을 마치고 간부교육 중심의 좌학 시간이 늘어났다. 부사관 교육이 중후반쯤 지나 자신의 직별을 선택하는 시기가 왔다. 오후 훈련이 끝나면 생활관에 있는 작은 TV를 통해 직별을 소개하는 영상이 재생됐다. 간단한 직별 소개 영상을 시청하며 어떤 직별을 선택할지 생각할 시간을 가졌다.

3일 정도 영상을 시청한 후 교육관에 모여서 각 직별 교관실에서 나온 교관들이 직별 소개를 하는 시간을 가졌다. 큰 스크린을 통해 영상을 보여준 후 교관의 부연설명이 이어졌다. 직별 소개가 끝나고 나면 궁금한 사항에 대한 질의응답 시간이 주어졌다. 질의응답 시간에 후보생들이 가장 많이 하는 질문이 있었다.

"장기나 진급 잘됩니까?"

교관들은 이렇게 답변했다.

"장기 선발, 진급도 잘되고 해외파병 기회도 많이 있습니다."

훈련 소대장과 교관들에게 잘 교육된 순박한 후보생들은 그 말을 듣고 큰 고민 없이 그 직별을 선택했다. 특성화고 또는 부사관 관련 학과에서 직별 관련 기술을 배우고 온 일부 동기들은 자신이 원하는 직별을 마음에 정해놓고 입대했다. 그러나 대부분은 그렇지 못했다. "갑판 해볼까? 항공 괜찮은 것 같은데? 전탐은 해외훈련 기회가 많다는데 괜찮은 것 같지 않아?" 등의 대화를 나누며 자기 나름의 직별을 결정했다. 한마디로 도토리 키 재기를 하며 자신의 직별을 선택하는 것이다. 나 또한 그들 중 한 명이었다.

다양한 직별 중에 진급과 장기복무 선발이 잘되는 직별은 어떤 것일까? 이 책에서 구체적으로 다루지는 않을 것이다. 다만 진급과 장기복무 선발이 잘된다는 것의 이면에 대해서 한번 생각해봤으면 좋겠다. 진급과 장기가 잘된다는 것은 해당 직별의 인원 순환율이 높다는 의미이다. 그만큼 인원 유출이 많다는 뜻이다. 그만큼 직별의 직무가 어렵고 힘들어서 중간에 도태되는 인원이 많다는 의미로 볼 수 있다. 해당 연도에 진급자 선발인원이 많다는 것은 그만큼 직별 부사관 선배들이 전역을 많이 했다는 것이다. 장기복무 선발인원이 많다는 것도 같은 맥락으로 볼 수 있다. 따라서 직별 선택의 기준을 진급이나 장기복무 선발에 맞추지 말기를 바란다.

예비 부사관 후보생이라면 자신의 적성과 특기를 살릴 수 있는 직별을 찾을 수 있도록 노력해야 한다. 자신이 하고 싶은 직별의 여러 방면에 대해서 입대 전에 충분히 조사해보고 고민하는 시간이 반드시 필요하다.

자신에게 적합한 직별을 찾기 위한 3가지 방법을 소개하고자 한다. 첫째, 해군 공식 홈페이지를 활용한다. 해군 홈페이지에는 부사관 모집을 위해 직별 소개와 특성을 자세히 설명한 자료들이 탑재되어 있다. 그 자료들을 면밀하게 살펴보고 어떤 직별이 나에게 좋을지 생각해보자.

둘째, 해군 출신 친구나 지인들에게 관심 직별에 관해 물어본다. 직별의 특징, 장단점 등을 물어보라. 해군 출신이라고 해도 모든 직별에 대해 자세히 알 수는 없다. 그렇지만 먼저 경험해 본 사람의 생생한 경험담은 해당 직별의 장단점을 파악하는 데 도움이 될 것이다.

셋째, 직별에서 가산점을 주는 자격증 공부를 해본다. 직별마다 가산점을 주는 자격증이 있다. 직별 공통 자격증을 제외하고 직별 전문 지식 관련 자격증 리스트를 정리해보라. 그리고 자격증 수험서를 구해서 공부를 해보라.

예를 들어 전기 직별을 선택하고 싶다면 전기기능사 자격증 공부를 해보는 것이다. 전기에 대한 기본적인 이론과 실무에 대해 대략적으로 파악이 될 것이다. 그렇게 공부를 해보면서 내가 전기에 대한 이해를 잘할 수 있을지 가늠해 본다. 학교에서 전기과를 졸업했다면 기초 지식이 있으므로 이해하기 쉬울 것이다. 그러나 전기에 대한 기초 지식이 없다면 후반기 교육을 받을 때 어려움을 겪게 된다. 이해하는 데 많은 시간과 노력이 들면서 성적도 저조할 가능성이 크다. 교육 성적이 좋지 않으면 진급 및 장기복무 선발을 위한 개인 자력 점수가 감점된다.

　처음에는 이런 부분이 잘 느껴지지 않는데 진급 또는 장기복무 선발에 탈락하게 되면 자신의 부족한 부분에 대해 인식을 하게 된다. 뒤늦게 깨달아도 직별을 바꿀 수 없고 되돌릴 수도 없다. 따라서 미리 공부를 해보고 최대한 조사하면서 내 적성에 맞는지 탐색해야 한다. 또한, 직무가 어렵더라도 노력으로 극복할 수 있는지 사전에 점검해보는 노력이 필요하다.

　나는 해군 생활은 직별 선택이 좌우한다고 감히 말하고 싶다. 이는 아무리 강조해도 지나치지 않는다고 생각한다. 현역으로 복무 중인 많은 선배들이 "내가 다시 입대한다면 ○○직별은 선택하지 않을 것이다."라고 말한다. 그러나 오해는 하지 말기 바란다. 해당 직별이 안 좋다는 것이 아니라 단지 적성에 맞지 않는다는 것이다. 모든 직별은 함의 전투력 발휘에 필요한 중요한 직별들이다. 그리고 직별에 따라 자신의 적성이 맞는다면 누구든 잘해낼 수 있다.

　직별 선택에 정답은 없다. 그러나 최대한 나에게 맞는 직별이 어떤 것일지 탐색해보는 시간은 충분히 가져보는 것이 좋다. 일단 입대하고 결정한다면 훗날 크게 후회할 수도 있다. 그래서 나보다 먼저 그 길을 간 사람에게서 조언을 얻어야 한다. 어차피 해군 부사관이 되기로 마음먹었다면 시행착오를 줄여보자. 먼저 경험해본 사람에게 조언을 얻고 나의 적성을 탐색하는 노력을 해보는 것은 어떨까?

07

준비된 부사관에게는
모든 것이 기회다

나는 '음탐'이라는 직별을 선택했다. 내가 선택한 직별이지만 애초에 음탐 직별에 관심이 없었고 선택할 생각도 없었다. 내가 해군에 입대한 목표는 특전부사관이 되기 위해서였기 때문이다. 당시 특전부사관은 1년에 1번 모집했는데 모집 기간을 하루 차이로 놓치는 바람에 다음 기수로 입대하게 되었다. 다른 직별을 선택하고 실무생활을 하다가 UDT 훈련에 지원하기 위해 잠시 스쳐가는 직별로 선택하였다. 직별 선택할 때 고민도 없었다. 가장 편할 것 같고 사람들의 눈에 띄지 않는 것 같은 직별로 음탐을 선택한 것이다. 훗날 이것은 큰 착각이었다는 것을 깨닫게 된다.

부사관 교육대에서의 훈련이 끝나고 후반기 교육장인 정보통신학교에 입교하였다. 나는 고민이 되기 시작했다. 어차피 음탐사를 계속할 것도 아닌데 그냥 적당히 공부할지, 혹시 모르니 최대한 열심히 공부할지를 선택해야 했다. 아무리 그래도 대충 하며 넘어가는 성격이 아니었던 나는 어쨌거나 최대한 열심히 공부하기로 마음먹었다. 초급반 성적을 평균 이상의 점수로 수료를 했고 나중에 이 성적이 나의 군 생활을 지탱해주는 밑거름이 되었다.

해군 부사관으로 입대하기로 마음먹었으면 반드시 부사관 양성교육과 초급반 성적을 잘 받을 수 있도록 최선을 다해야 한다. 진급 및 장기복무 선발에 양성교육과 초급반 성적이 반영되기 때문이다. 일정 기준 이상의 평균점수를 받아야 감점되는 점수가 없다. 이 점수를 기본으로 확보하지 않으면 자격증 및 표창 등 다른 점수로 보완을 해야 한다.

교육 성적은 만점은 아니더라도 최소한 0.1점이라도 감점되는 점수가 없도록 최대한 노력해야 한다. 진급과 장기복무는 0.1점 차이로 선발이 갈리는 경우가 많기 때문이다. 그렇지 않으면 경쟁자들이 다른 준비를 하며 앞서갈 때 모자란 점수를 보강하기 위해 2배로 노력을 할 수밖에 없다.

물론 이런 이야기들은 초급반 교육이 진행되면서 담임 교관이 여러 번 알려줄 것이다. 그러나 그때 듣고 이해하는 것과 미리 알고 있는 것은 차이가 크다. 초급반에 입교하는 순간부터 각종 평가를 보면서 동기들과의 경쟁이 시작되기 때문이다. 처음에는 성적의 중요성을 못 느꼈다가 뒤늦게 열심히 하더라도 조금은 늦은 것이다. 이미 중요성을 알고 있는 동기들은 내색하지 않을 뿐이지 목숨 걸고 노력하고 있다.

성적이 우수하여 1~3등의 성적을 거둔다면 교육 수료 시 표창장을 받는다. 높은 평균점수와 동시에 표창장까지 받고 시작한다면 1차 진급에 선발될 가능성이 크다. 높은 점수를 확보했으니 체력검정 및 다른 자격증 등을 준비할 수 있는 여유를 가지게 된다.

"너 초급반 몇 등 했어?"

실무배치를 받은 후에 귀에 딱지가 앉도록 듣게 될 말이다. 초급반 성적을 통해 군 생활을 하고자 하는 의지와 그동안의 노력 등 여러 가지 요소를 가늠해볼 수 있다. 단순한 질문 같지만, 생각보다 많은 의미가 담겨 있다는 것을 깨달아야 한다. 이 같은 점들을 일찍 깨닫는다면 다가오는 모든 과정이 기회라는 것을 알 수 있을 것이다.

"영민아, 잠깐 이리 와봐."

오전 일과 정렬이 끝나고 기관장님이 나를 불렀다. PMS 온라인평가 점수가 저조해서 부른 것이다. 당시 나는 잠수함 승조원이 되기 위한 SQS에 모든 신경이 집중된 상황이었다. SQS 진도를 많이 나가지 못해 마음이 조급해져 밤늦게까지 준비하느라 PMS 평가는 뒷전이었다. 결국, 평가를 제대로 보지 못해 과락을 겨우 면하는 점수가 나왔다. 다른 승조원들은 평균 이상의 점수를 받았는데 나 혼자 덩그러니 70점대로 눈에 확 띄게 된 것이다. 기관장님은 기본적인 부분에서 조금만 더 신경 써서 잘해주기를 당부하셨다. 나 또한 조금만 노력했다면 이런 일은 없었을 텐데 하는 아쉬움이 남았다.

또 하나의 사례로 경비 임무를 마치고 진해로 복귀했을 때의 일이 있다. 입항 다음 날 바로 소화훈련이 계획되어 있었다. 소화훈련도 여느 평가들과 마찬가지로 실제 훈련을 하기 전에 기본 이론평가를 본다. 매번 하는 훈련이기 때문에 모든 승조원이 숙달이 되어 있어서 1시간 정도만 투자해도 충분히 좋은 점수를 얻을 수 있는 평가였다. 그런데 나는 이론평가에서 또다시 저조한 점수를 받고 말았다. 소화 이론평가를 우선순위에 두지 않고 준비를 하지 않았기 때문이다.

나는 함장님을 비롯한 모든 승조원이 있는 자리에서 공개적으로 훈련 관찰관에게 질타를 받았다. 기본적인 준비를 하지 않은 것에 대한 질타였다. 내가 잘못한 것도 있었지만 나는 머리끝까지 화가 치밀었다. 승조원 총원 앞에서 망신을 당한 것을 참을 수가 없었다.

며칠 동안 분노를 삭이지 못하고 있다가 문득 내 후배가 그랬으면 나는 어떻게 반응했을까 하는 생각이 들었다. 나 또한 별다르지 않게 반응했을 것 같다는 생각이 들었다. 그날 이후로 뼈아픈 경험을 교훈 삼아 사소한 평가라도 준비를 하는 태도를 보이기로 마음먹었다.

혹시 공부 체질이 아닌데 해군 부사관을 준비하고 있는가? '부사관 필기시험 준비가 어려워. 난 암기력이 약한 것 같아. 나는 공부 체질이 아니야! 공부보다 몸으로 때우는 게 좋아.' 등의 생각을 하고 있는가? 준비하는 도중에 미안한 이야기지만 해군 부사관 입대를 다시 한번 고려해보는 것이 좋을 것 같다. 입대 후에는 공부 때문에 힘들어할 가능성이 매우 크기 때문이다. 해군에서는 각종 평가를 상당히 많이 본다. 군인 본연의 임무보다 행정을 위한 평가, 성과를 위한 평가가 많다. 입대하는 순간부터 전역할 때까지 끊임없는 평가를 보게 된다. 그리고 그 평가점수를 근거로 내가 평가받게 된다.

기초군사훈련을 받을 때는 각종 구호 암기, 군사학 등 교과목 시험공부를 한다. 후반기 교육에서는 직별 교과목에 대한 전문 지식을 공부한다. 후반기 교육 성적은 진급과 장기복무에도 영향을 미치기 때문에 반드시 좋은 성적을 받아야 한다. 실무에서는 부사관 능력평가, 각종 훈련평가, 전투 기량 경연대회, 보안 평가, PMS 평가, 군인 복무 기본법 평가 등 끊임없는 평가들이 여러분을 기다리고 있다.

그러면 '그 평가들을 그냥 적당히 보면 되는 것 아니냐?'라고 반문할 수도 있다. 결코 그렇지 않다. 평소 여러분의 평가점수들이 여러분의 근무실적을 평가하는 장교에게 체크되기 때문이다. 부사관 선후배들은 가까이서 일을 하므로 당신에 대해 긍정적으로 평가할 수 있다. 하지만 지휘부의 장교는 당신이 일하는 모습을 보는 시간이 상대적으로 적다. 그러므로 객관적으로 보이는 점수들이 평가에 적잖은 영향을 미친다.

표창 내신 또는 근무 평정 및 지휘관 추천 심사를 받을 때 명백하게 갈리는 일이 생길 것이다. 만약 평소 각종 평가에서 항상 우수한 점수를 받았다면 "김 하사는 평소 열심히 하고 누가 봐도 인정받는 부사관이다."라는 인식이 생기는 것이다. 거기에 대한 다른 심사위원들도 별다른 이의를 제기하지 않는다. 반면에 과락도 한번씩 하고 매번 아슬아슬한 점수를 받았다면 결정적인 순간에 무너진다. "뭐야? 박 하사는 지난번에 부사관 능력평가에서 과락할 뻔했잖아?"라는 평가와 함께 자연스럽게 경쟁자들 밖으로 밀려나게 되는 것이다.

해군에는 부사관 능력평가라는 제도가 있다. 직별 기초이론 및 장비 지식에 대한 평가이다. 부사관이라면 매년 치르게 되는 시험으로 필기시험과 실기시험으로 이루어져 있다. 평균 90점 이상의 우수 성적을 받으면 다음 해 시험이 면제된다. 하지만 장기복무 선발이 되기 전까지는 매년 시험을 보아야 한다.

부사관 능력평가는 반드시 잘 볼 수 있도록 준비해야 한다. 부사관 능력평가는 부대평가에 반영이 되기 때문에 지휘관이 높은 관심을 가지는 평가이다. 약 1,000문제 정도 되는 문제은행에서 출제되는 객관식 및 서술형 문제를 모두 숙지해야 한다.

부사관 능력평가의 필기시험 통과 기준은 항상 100점이라는 것을 명심하도록 하자. 실제 시험에서 100점을 받기 위해서는 문제 지문을 읽는 도중에

답이 튀어나올 정도의 수준이 되어야 한다. 평소 공부와 담쌓고 있었다면 이런 부분에 있어서 스트레스가 만만치 않을 것이다.

지금까지 나열했던 각종 평가는 해군 생활을 하면서 반드시 거쳐야 하는 과정들이다. 솔직히 말하면 나는 이런 시스템에 굉장히 불만이 많았다. 매년 똑같은 평가를 받고 또 받고, 반복되다 보니 스트레스가 쌓였었다. 결국, 현실에 순응하고 적응하기까지 많은 시간과 노력이 들었고 뼈아픈 일들을 경험해야 했다.

이제 조금만 생각을 전환해보자. 이 같은 평가들을 볼 때 항상 우수한 성적을 거둔다면 당신이 어떤 성과를 내던 시너지 효과를 볼 수 있다. 군대에서 하는 일은 조금만 관심을 가지고 노력한다면 어떤 일이든 충분히 좋은 결과를 거둘 수 있다. 이 같은 평가를 염두에 두고 준비해서 좋은 점수를 받도록 노력하라. 모든 평가는 자신의 마음 상태가 반영되어 그대로 결과로 나타난다는 것을 명심하자.

해군 함정공개 행사에 참여해보자

집 근처에 해군기지가 있다면 함정공개 행사에 참여해보자. 해군에서는 지역 시민에게 군함을 개방하는 함정공개 행사를 수시로 개최한다. 함정공개 행사에서 군함을 실제로 타는 느낌이 어떤지 경험해보자. 그리고 승조원들을 만나서 그들에게 궁금한 점이 있다면 물어보도록 하자. 현재 복무 중인 승조원보다 해군에 대한 생생한 이야기와 경험담을 들려줄 수 있는 사람은 없다.

4장.

아무도
알려주지 않은
8가지
해군 생활 비법

01

어서 와,
군함은 처음이지?

첫 번째 근무지였던 충주함은 전입 당시 수리 중이었다. 각종 페인트칠과 외부 갑판 보수작업이 한참 진행되고 있었다. 나는 맞선임을 따라 페인트 통과 롤러를 들고 페인트 작업을 하러 가고 있었다. 작업공간으로 가던 중 부서 선배가 눈에 띄었다.

"필승!"

나는 경례를 했다. 선배는 인사에 대답하지 않았다. 잘 못 들었나 보다 싶어서 지나가려고 했다. 그때 선배가 나를 불러세웠다.

"야, 너 몇 기야? 목소리가 그것 밖에 안 나와? 군 생활 할 만한가 보네? 어!?"

나는 나름대로 목소리를 크게 냈다고 생각했는데 지적받아서 당황했다. 그 모습을 본 다른 선배가 현문에서 경례를 하면 함교까지 들릴 정도로 인사하고 다니라고 충고해줬다. 인사를 어중간하게 하고 반응이 없으니 들었겠거니 하고 지나갔던 것이 문제였다.

인간관계에서 가장 기본은 '인사'이다. 인사만 잘해도 군 생활의 반은 먹고 들어간다. 모든 일이 사람과의 관계를 통해 이루어지기 때문이다. 군대는 팀워크가 중요하다는 것을 잊지 말아야 한다. 팀원들과의 관계가 면밀하게 형성되어 있어야 한다.

일 잘하는데 인사를 잘하지 않는 사람과 일은 조금 부족하더라도 인사를 잘하는 사람이 있다면 인사를 잘하는 사람에게 더 마음이 간다. 인간적인 호감이 먼저 형성된다면 당장 일은 못하더라도 시간이 지난다면 얼마든지 나아질 수 있다. 군대에서 반복 숙달하며 연습한다면 못할 일은 없기 때문이다. 반면에 일은 너무 잘하는데 인사를 잘하지 않는다면 관계를 지속하기 힘들다. 인성을 기반으로 관계가 형성되고 유지되기 때문이다. 가깝고 친밀한 관계일수록 더욱 인사를 철저히 하자. 기본적인 부분에 더 노력함으로써 서로 간의 신뢰는 두터워질 것이다.

'이제 눈 딱 감고 뛰면 끝난다…'

나는 너무 지쳤다. 너무 힘든 나머지 바다에 뛰어내려야겠다고 마음먹었다. 야간에 바다에 빠진다면 아무도 나를 찾지 못할 거라고 생각했다. 몸과 마음이 모두 지쳐 더 이상 견뎌낼 수 없었다. 나에게 주어진 책임과 짐이 너무나 무거웠다. 함미 쪽에서 손잡이를 잡고 외부 문을 열었다. 문을 여는 순간 문틈으로 차가운 바람과 함께 바닷물이 내 얼굴에 튀었다. 배가 문을 연 쪽으로 기울면서 튀어 오른 파도가 문틈으로 날아온 것이다. 얼굴에 바닷물을 맞고 나는 정신이 번쩍 들었다.

'내가 지금 뭘 하려고 했던 거지? 아… 죽을 뻔했다…'

바닷물 세례를 받고 나는 정신을 차렸다. 완전히 맛이 간 상태였다. 제정신이 아닌 상태로 잘못하면 정말로 바다에 뛰어내릴 뻔했다. 심각한 이야기로 생각할 수도 있겠다. 나는 군 생활을 시작하자마자 이런 심각한 상황에 부딪히게 될 줄 상상도 못 했다.

초임 하사로 부임한 지 3~4개월 정도가 된 시점이었다. 당시 준비해야 하는 평가가 3가지였다. 부사관 능력평가, 전투기량 경연대회, 직별 관련 훈련에 대한 평가였다. 함정에서는 반드시 높은 성과를 거둘 것을 요구했다. 특히나 초임 하사였던 나에게도 100점에 가까운 점수를 요구했다. 수시로 공부 잘하고 있냐고 물어보기도 했다. 함정 생활 적응에 아직 업무도 익숙하지 않은데 3가지 시험을 동시에 준비해야 했다.

처음에는 잘할 수 있다는 자신감으로 시작했다. 그러나 시간이 지날수록 자신감은 하락했다. 뱃멀미에 적응 중이었고 바쁜 함 일정에 체력이 바닥났다. 항해 당직 근무와 직무를 배우기에도 어려움을 겪고 있었다. 그런데 배에서는 나에게 3가지 시험에서 높은 평가 결과를 요구했다. 내용이 이해되지 않으니 무조건 외울 수밖에 없었다. 주먹구구식으로 숫자와 글자 모두 머리에 쑤셔 넣었다.

부사관 능력평가에 합격할 때까지 휴가도 제한되었다. 휴가 제한 하루 전날에 함장님과 면담하면서 임무 끝나면 휴가이니 잘 다녀오라는 격려까지 받은 상태였다. 과연 누구의 제안으로 그런 조치가 이루어졌는지 궁금했다. 휴가는 잘리고 공부를 해도 결과는 안 나오니 미칠 지경이었다. 영내 생활 중에 휴가도 한번 못 나가고 너무 힘들었다.

나에겐 한숨 돌릴 수 있는 휴식이 필요한데 잠시의 틈도 허락되지 않았다. 견디다 못한 나는 결국 자살 충동까지 이르렀다. 나는 군에서 일어나는 사고들은 남의 일이라고 생각했다. 뉴스에 보도되는 좋지 않은 사건들…. 마냥 외면할 수 없는 일이라는 것을 알게 되었다. 위기의 순간을 마주하고 있는데 위기인지 판단되지 않았다. 이미 내 문제에 매몰되어 정상적인 사고를 하지 못하는 상태까지 이른 것이다. 그때 바닷물을 맞지 않았더라면 나는 어떻게 됐을까?

나는 내성적인 성격이다. 싫은 소리, 힘들다는 소리를 다른 사람에게 말하지 못한다. 힘들어도 꾹 참고 이겨내자는 생각을 하고 있었다. 물론 힘든 것을 꾹 참고 이겨내야 할 때도 있다. 힘들 때마다 힘들다고 말한다면 나뿐만 아니라 주변 사람들까지 힘이 빠지고 말 것이다. 그러나 스트레스가 해소되지 않고 쌓이기만 한다면 위험에 처할 수도 있다. 정도가 지나치다고 생각할 때는 절대 혼자 끙끙 앓지 말자.

나는 문제 해결 방법에 서툴렀다. 스스로 해결하려고 하고 속으로 삭이기만 했다. 마음이 병들기 쉬운 타입이었다. 힘들면 힘들다고 솔직하게 말하자. 이야기하면서 털어낼 수 있을 것 같으면 동기들과 나누어라. 업무적인 문제로 힘들다면 선배와 이야기해라. 자신이 업무에 최선을 다하고 있음에도 어려움이 느껴진다면 솔직하게 말하는 것이 좋다. 후배가 어려움을 겪는데 도와주지 않을 선배는 없다. 말 한마디의 힘은 생각보다 크다는 것을 명심하자.

윤태호 작가의 웹툰 〈미생〉의 김 대리가 장그래에게 했던 충고가 있다.

"사람을 미워하면 안 돼. 잘못이 가려지니까. 잘못을 보려면 인간을 치워버려. 그래야 추궁하고 솔직한 답을 얻을 수 있어."

군 생활을 하다 보면 일이 힘든 것보다 사람이 힘들 때가 더 많다. 가만히 있는데 아무 이유 없이 누군가에게 욕을 먹을 때도 있다. 그럴 땐 그 사람이 미워지고 분노하게 된다. 인간관계라는 것이 나만 잘한다고 해결되는 문제가 아니다. 분노로 차오르더라도 사람에 대한 감정은 잠시 내려놓고 문제만 바라보자.

사람을 미워하면 그 사람과의 인간관계는 끝난다고 봐야 한다. 당신이 떠나거나 그 사람이 떠나지 않는 한 좋든 싫든 같은 공간에서 일하고 지내야 하기 때문이다. 그럴 때는 감정을 내려놓고 중립적인 태도로 관계를 유지하자. 일정한 거리를 두고 지내며 문제에서 벗어나서 바라보자. 하기 싫다고 당장 그만둘 수도 없는 군대 생활! 나만의 생존법을 하나씩 연구해보는 것은 어떨까?

나의 항해 당직 근무시간은 주로 4시부터 8시까지였다. 점심을 먹고 나면 음료수 한 캔 뽑아서 매일 사통 동기와 함미 갑판에 나가서 바람을 쐬었다. 점심을 먹고 오후 일과가 시작될 때까지는 일명 '신세 한탄'하는 시간이었다. 서로 겪은 이런저런 일들을 이야기하며 괴롭히는 사람이 있으면 같이 욕하는 시간이다. 진심을 담은 비난보다는 장난식으로 그저 서로의 처지에 공감하는 것이었다. 그만큼 생활이 고달프고 스트레스가 많았다. 휴가 잘렸을 때도 같이 분노하며 서로의 처지를 위로했다.

동기들과 자주 어울리며 좋은 관계를 만들어나가자. 동기들과 대화를 많이 하는 것이 좋다. 말을 하는 것만으로도 스트레스는 많이 감소한다. 서로의 힘듦을 나누고 공감하며 가장 어려운 시절을 함께 견뎌내면 동기들은 군생활의 든든한 재산으로 남게 될 것이다.

　군함 생활은 지금껏 살아왔던 어떤 환경보다 낯선 환경이다. 좁은 생활공간, 코를 찌르는 페인트 냄새와 기름 냄새, 그곳에 있는 다양한 사람… 바다 위에서 끝없이 흔들리며 모든 의식주를 해결하고, 동료들과 생사고락을 함께 해야 하는 공간이다. 진짜 해군이 되기 위해서는 이 낯선 공간에 적응해야만 한다. 오죽하면 군가에도 '나의 집은 배란다'라는 가사가 있겠는가. 그만큼 집보다 오래 생활하는 공간, 가족보다 승조원들을 오래 보는 곳이다. 힘들더라도 참고 견뎌내자. 지금 이 순간에도 군함에서 생활하고 있는 모든 해군 부사관에게 응원을 보낸다.

초임 하사,
딱 1년이 골든 타임이다

나는 첫 실무지인 충주함에서 6개월 정도의 실무생활을 하고 특수전전단으로 전출 갔다. 특수전전단 교육대에 입소하고 약 6개월간의 UDT 교육이 시작되었다. 약 26주 동안 특수전 기초 체력훈련과 초급반 과정, 전문화 과정을 거쳐야 했다. 나는 그토록 간절히 원했던 곳에 도전하게 되었다. 이 과정을 이겨내면 내 꿈을 이룰 수 있게 되는 것이었다.

그런데 훈련 도중 예상치 못한 부상이 찾아왔다. 근육이 파열되어 근육 성분이 혈액 속으로 녹아 들어가는 횡문근융해증이라는 증상이었다. 허벅지가 부어오르고 빨간색 소변이 나왔다. 몸 상태는 원래 체력의 10% 정도밖에 발휘하지 못했다. 전력을 다해 뛴다고 하는데 보통 사람이 걷는 속도보다 느렸다. 훈련을 따라가지 못하게 되었다.

동일 증상이 발생한 교육생이 나를 포함해 4명이 식별되었다. 계속해서 훈련한다면 급성 신부전증이 와서 쇼크로 사망할 수도 있다는 진단을 받았다. 며칠 동안 버티던 나는 결국 1주일간 병원에 입원했다.

치료를 마치고 교육대에 복귀한 나는 다시 훈련에 임하고 싶다는 의지를 보였다. 하지만 상부 지침에 의거 퇴교 절차를 밟게 되었다. 나는 의지로 극복할 수 없는 것도 있다는 것을 피눈물을 삼키며 받아들여야만 했다. UDT 훈련을 더이상 받지 못한다는 사실에 하늘이 무너지는 듯한 좌절감을 느꼈다.

충주함으로 원대복귀 후 나는 심각한 트라우마에 시달렸다. 복귀했을 당시 배는 수리 중이었다. 나는 외부 갑판에서 일명 '깡깡이'라고 하는 페인트 도색을 위한 보수작업을 하고 있었다. 그때 어디선가 악에 받친 군가 소리가 들리기 시작했다. 바로 UDT 교육생들의 지옥 주가 시작된 것이었다. 동기들은 IBS를 머리에 이고 악에 받친 군가를 부르며 행군하고 있었다.

'나도 저기 있어야 하는데…. 지금 나는 뭐 하고 있는 거지?'

자괴감이 밀려왔다. 모든 의욕이 사라졌다. 나는 교육생들이 눈에서 사라질 때까지 넋 놓고 바라보았다. 마침 그날이 현문 당직 근무였다. 동기들이 주변에서 훈련하는지 바다 쪽에서 새벽까지 악 소리가 들렸다. 근무를 서면서 내 마음은 복잡했다. 야간근무를 마치고 이튿날 아침이 될 때까지 잠을 이루지 못했다. 며칠 동안 잠을 못 이루며 괴로워했다. 견디다 못한 나는 인사이동 요청을 했다.

　육상근무를 하며 나는 함정 근무에서 배웠던 것들을 대부분 까먹었다. 행정 시스템이 달랐기 때문에 육상 시스템에 적응하다 보니 자연스레 잊힌 것이다. 1년간의 육상근무를 하며 나는 몸과 마음을 다시 추슬렀다. 좋은 선배들을 만나 다시 해군 생활을 지속해나갈 힘을 얻었다. 나는 함정 생활을 다시 시작하며 해군 생활을 이어 나가기로 했다.

　서울함으로 전입한 나는 생각보다 적응하기 힘들었다. 임관한 지 2년 정도가 지났는데 다시 초임 하사가 된 느낌이었다. 배를 타고 있던 동기들은 이미 자신의 직무에 잘 적응해서 두각을 나타내고 있었다. 나는 기초적인 행정업무부터 다시 배워나가야만 했다.

　그러다 같은 직별의 동기가 전출을 가면서 문제가 발생했다. 동기가 맡고 있던 행정업무를 고스란히 인계받았는데 일을 제대로 처리하지 못했다. 설상가상으로 후배가 연달아서 2명이나 들어오면서 문제는 더욱 심각해졌다. 행정업무에 익숙했던 후배가 업무를 담당했다.

　나는 잘 모르는 것을 티내지 않으며 후배에게 모든 일을 맡겨버렸다. 후배가 휴가라도 가는 날이면 나는 불안했다. 내가 모르는 업무가 생길 것 같아서이다. 그럴 땐 어김없이 문제가 발생했다. 나는 더 이렇게 무책임하게 있으면 안 되겠다는 생각이 들었다. 지침서를 챙겨서 공부하며 기초부터 다시 배워가기 시작했다.

이순신함의 음탐장이었던 Y원사님은 항상 중사의 역할에 대해 강조하셨다.

"#1 부사관은 직별장이다. 직별장을 대표하는 얼굴이 #1 부사관이다. 내가 직별장이라는 마음가짐으로 일해야 한다."

수도 없이 그런 말씀을 하시니 솔직히 귀담아듣지 못했다. 죄송한 마음이지만 건성으로 듣곤 했다. 내가 잘못해도 뒤에 직별장이 있으니 마음을 놓고 있었던 것이 사실이다. 시간이 지난 후에야 음탐장님이 나를 준비시키기 위해 그런 이야기를 했다는 것을 깨달았다.

음탐장님의 부상으로 약 2주간의 부재 기간이 있을 때 나는 직별장 직무대리를 했다. 업무계획, 집행, 수리, 보고 등의 모든 업무를 한순간에 담당하게 되었다. 일이 너무 많아서 어쩔 줄을 몰랐다. 일의 순서도 엉망이 되고 여기저기 바쁘게 뛰어다녔다. 모르는 것이 있을 때 수시로 음탐장님께 전화해서 조언을 구했다. 조언을 받더라도 현장에서 판단과 결정은 내가 내려야만 했다. 업무가 잘 진행되지 않아 지연되고 문제가 발생하는 때도 많았다.

나는 직별장의 업무를 경험하고 나서야 괜히 직별장이 있는 것이 아니라는 것을 깨달았다. 직별장이 일할 때는 전화 한 통, 말 한마디에 일이 처리되는 경우가 많았다. 겉으로 보기에는 편하게 놀고 있는 줄 알았는데 절대 놀고 있는 것이 아니었다. 직별장이 일을 처리할 때 뚝딱 처리하는 것은 수많은 경험과 내공이 있기 때문이었다. 경험 없는 중사인 내가 눈앞에 닥쳐서 해내려니 매번 고민되고 힘들 수밖에 없었다.

부사관 생활을 하기 위해서는 마음가짐이 중요하다. 하사일 때는 중사의 마인드로, 중사일 때는 직별장의 마인드를 가지고 일해야 한다. 상급자가 부재일 경우 직무대리 역할을 할 수 있어야 한다. 한 계급 높은 마인드를 가지게 되면 자신의 부족한 부분이 많이 드러난다. 그때가 바로 성장할 수 있는 절호의 기회이다.

직별에 모범이 되는 선배가 있다면 적극적으로 벤치마킹하라. 선배가 어떤 마인드를 가지고 일을 하는지, 어떻게 업무를 추진하고 처리하는지 보고 배워라. 자신이 하사라고 해서 시키는 일만 열심히 하면 안 된다. 주별, 월별 업무 진행 현황을 파악하고 언제쯤 이런 일을 하겠다는 것을 염두에 두고 있어야 한다. 시기가 되었을 때 선배가 시키기 전에 먼저 제안할 수 있도록 준비해야 한다.

흔히 "자리가 사람을 만든다."라고 말한다. 역량이 부족하더라도 자리에 맞는 사람으로 변하게 된다는 말이다. 나는 조금 다르게 생각한다. 자리가 사람을 만드는 것은 맞는 말이기는 하지만 준비되지 않은 사람은 자리에 앉으면 안 된다고 생각한다. 그렇지만 현재 시스템은 사람의 역량보다는 특정 시기나 계급이 되면 자리를 거쳐가는 것이 사실이다.

자리에 위치하기 전에 철저히 준비해야만 한다. 자리에 앉고 난 후 시행착오를 겪으며 배운다면 같이 일하는 사람들이 힘들 수도 있다. 준비를 통해 시행착오를 최소한으로 줄여야 한다. 그래서 나는 하사일 때는 중사의 마음가짐, 중사일 때는 직별장의 마음가짐을 가질 것을 권한다.

마음가짐부터 바꾼다면 당장 업무를 대하는 태도가 바뀌게 된다. 시키는 일만 하는 사람에서 적극적으로 일을 찾아서 하는 사람으로 변화될 것이다. 그렇다고 무리하게 일을 벌이는 사람이 되지 않도록 주의하자. 사람과 상황에 따라 적절한 균형을 갖춰나갈 수 있도록 노력해야 한다.

전입 후 1년 이내에 이런 습관을 만들지 못한다면 앞으로의 습관 형성도 어려울 수 있다. 시키는 일만 하거나, 적당주의, 사람이 볼 때만 하는 등 타성에 젖을 확률이 높다.

초임 하사일수록 실수가 잦겠지만 그것을 당연하게 받아들이자. 처음에는 선배들의 쓴소리가 아프게 다가올 것이다. 지금 실수하는 것을 선임이 되어가는 필수 과정 중의 하나로 여긴다면 잠깐 눈 질끈 감고 이겨낼 수 있다. 나처럼 2년이 지난 후에 다시 배우지 말고 처음 배울 때 최선을 다하자. 선배들은 그런 과정을 거쳤다. 초임 하사 시절에 철저하게 밑바닥 일부터 배운다면 선임이 되었을 때 구구절절 보고받지 않아도 된다. 굳이 보지 않아도 일의 진행 상황을 손바닥 보듯이 꿰뚫어 볼 수 있게 되기 때문이다.

나는 일을 제대로 배워야 하는 중요한 시기에 방황을 겪었다. 마음을 다잡는 데도 적잖은 시간이 걸려서 후배보다 못한 선배로 지냈던 시간이 꽤 된다. 그것만큼 자존심 상하고 괴로운 일은 없다는 것을 뼈저리게 경험하고 그때부터 달라지고자 노력했다.

초임 하사로 실무지에 부임한 후 딱 1년이 골든 타임이다. 1년 동안 배운 습관이 20년, 30년 후 전역할 때까지 이어진다. 실수하고 사고 치더라도 주눅 들지 말고 견뎌내자. 지금 실수하지 않으면 나중에 실수할 기회는 없어진다. 지금 당장 힘들더라도 밑바닥 일부터 착실하게 배워나가라. 배울 수 있는 모든 일을 자신의 것으로 만들어라.

수영을 미리 배워두자

해군이라고 해서 모두가 수영을 잘하지는 않는다. 훈련소에서 수영 훈련을 받더라도 수영을 못하는 사람도 많다. 그렇다고 물을 무서워하는 해군이 되어서야 되겠는가? 해군은 물을 피해갈 수 없다. 어딜 가든 물에서 하는 훈련을 하게 된다. 기본적인 영법을 배워둔다면 물에 대한 자신감을 가질 수 있다. 입대 후에 힘들게 배우지 말고 입대 전에 편하게 배워두자.

내 밑에는 갑판밖에 없다는
생각으로 일하라

부사관으로 입대하는 형태는 크게 민간부사관과 현역부사관으로 나뉜다. 민간부사관은 민간인 신분에서 입대해 교육훈련을 거쳐 부사관으로 임관한다. 현역부사관은 현역 해군 병에서 지원한 자가 부사관 교육을 거쳐 부사관으로 임관한다. 수병에서 신분 전환으로 부사관이 되는 경우도 많지만, 아직까지는 민간 출신 부사관이 대부분이다.

부사관의 계급은 장교와 병 사이에 위치한다. 임관하자마자 수병보다 높은 계급에 위치한다. 그런데 막상 실무지에 가보면 수병보다 못하다는 느낌을 받을 때가 많다. 수병 출신이 아닌 이상 그것은 당연하다. 아직 해군 생활에 적응하는 단계로 익숙하지 않기 때문이다.

실무지에 전입했다면 이제 본격적인 부사관 생활이 시작된다. 지금까지의 부사관 양성 과정과 초급반 교육 과정과는 차원이 다른 세계가 펼쳐진다. 당신은 장교와 병사 중간 계급에 위치한다. 그러나 처음부터 부사관 역할을 하기는 힘들다. 하사로 인정받기 위해서는 많은 시간과 노력이 필요하다.

근무지에 따라 차이가 있지만, 초임 하사가 전입하게 되면 일정 기간 영내 생활을 한다. 영내 생활을 하면서 부대가 어떻게 돌아가는지 경험하며 익숙해지는 시간을 가지는 것이다. 이때 영내 수병들과의 관계가 서먹할 것이다. 계급은 당신보다 낮은데 특별히 존대하지도 않을 뿐더러 인사도 제대로 하지 않는다. 조금 당황스러울 수도 있겠지만 조금만 참고 견뎌내자. 이 모든 것은 자신의 노력 여부에 따라 단기간에 개선될 수 있다.

초임 하사일수록 필요한 자세는 '내 밑에는 갑판밖에 없다.'라는 자세이다. 작은 일, 하찮은 일이라고 생각되는 것도 불평하지 말고 모두 받아들이자. 처음 배울 때 하찮은 일부터 해본 사람과 해보지 않은 사람은 시간이 지날수록 큰 차이가 나게 된다. 이제 빠르게 초임 하사 이미지를 벗어나기 위한 3가지 방법을 소개한다.

첫째, 간부다운 모습을 보일 때 비로소 계급에 맞는 대우를 받을 수 있다. 간부다운 모습의 첫 번째는 자신이 맡은 바 직무에 정통하고 모든 일에 솔선수범하는 것이다. 이것이 선행되지 않는다면 아무리 다른 부분에서 잘하더라도 소용이 없다. 자신의 직무에 정통할 수 있도록 노력하라. 일정 기간이 지나도 직무에 적응하지 못하는 모습을 보인다면 불안에 휩싸이게 된다. 자신은 물론이고 직별 부사관, 부서장을 비롯하여 지휘부에서도 관심을 끌게 된다.

따라서 빠른 시일 내에 맡은 직무들을 잘해낼 수 있도록 노력하자. 예를 들면 직별 행정 서무, 당직하사 업무, 부사관 능력평가, 당직 근무 태도 등에 최선을 다하자. 이 항목들은 기본적인 부분으로 반드시 잘해내야 하는 것들이다. 기본적인 부분에서 미흡하다면 다시 회복하기 힘들다.

"○○ 하사 부사관 능력평가 과락했다던데?"
"○○ 하사 당직 때 졸았다던데?"
"쯧쯧… 첫인상부터 별로더니 그럴 줄 알았다!"

직별 내부 일이 아니라 대외적인 일일수록 이런 소문이 돌았을 때 파장이 크다. 수습하기 어려우며 그 소문이 당신의 이미지로 굳어지게 된다. 이처럼 기본적인 직무부터 하나씩 통과한다면 비로소 승조원 중 한 사람으로 녹아들 수 있을 것이다.

둘째, 수병의 계급이 낮다고 함부로 대하면 안 된다. 당신은 하사로서 모든 수병보다 계급이 높은 사람이다. 그렇다고 수병들에게 처음부터 상급자 노릇을 하면 안 된다. 시간을 두고 천천히 신뢰를 쌓아가야 한다. 같이 작업할 때 게으름 피우지 않고 도움이 필요할 때는 기꺼이 도움을 주어라. 적극적으로 일을 배우고 먼저 솔선수범해라.

무엇인가 시킬 일이 있어도 절대 명령조로 하지 말고 부탁하도록 하자. 당신은 앞으로 상급자의 지시에 따라 현장에서 실질적인 업무를 할 일이 많아질 것이다. 그 과정에서 수병의 도움이 필요할 때가 많이 생긴다. 작업원을 차출한다든지, 물건을 옮기는 데 도움이 필요할 때 등이다. 평소 수병에게 별이유 없이 일을 시키거나 명령조로 대했다면 도움이 필요할 때 외면받게 된다. 반대로 평소에 좋은 관계를 형성했다면 도움이 필요할 때 기꺼이 도와줄것이다. 혹시나 결례되는 말과 행동을 했다면 당신만 모를 뿐이지 모든 수병은 다 알고 있다. 그런 일이 있을 때는 빠른 시일 내에 사과하고 문제를 해결하도록 하자.

셋째, 관심 없는 것 같아도 모든 승조원이 나를 보고 있다. 군함은 좁은 공간으로 이루어져 있다. 이 좁은 공간에서 일하다 보면 하루에도 몇 번씩 마주친 사람과 또 마주친다. 모든 승조원이 자기 일만 하며 바쁜 것처럼 보여도 모든 사람이 초임 하사인 당신을 지켜보고 있다. 당신이 적응할 때까지 당신이 하는 말과 행동은 주목받고 있다는 것을 잊지 말자.

당신의 모든 행동과 말은 승조원들에 의해 모니터링되고 있다. 어떤 실수를 했는지, 어떤 말을 했는지 등 새로운 승조원에 대한 관심도는 생각보다 높다. 이 시기를 빠르게 극복하는 꿀팁이 있다. 바로 승조원들과 마주칠 때마다 '인사'하는 습관을 만드는 것이다. 승조원들과 좋은 관계를 형성하게 되면 이 시기를 빠르게 단축할 수 있다.

특히 자신보다 계급이 낮은 수병이 경례할 때 건성으로 하지 말고 제대로 인사를 해야 한다. 또한, 상급자에게는 더욱 철저히 경례하자. 초반에 아무리 실수가 잦고 서툴러도 인사를 잘한다면 결국 관계는 빠르게 개선될 것이다. 선배에게 욕먹어서 기분이 안 좋더라도 밝게 인사하고 다녀라. 사실 기분이 좋지 않은데 밝게 인사하기는 쉽지 않다. 그러나 밝게 인사한다면 우울한 마음은 금방 사라지게 된다. 당신이 밝은 얼굴로 인사를 한다면 상대방도 기분 좋게 인사할 것이다.

뇌는 상상과 현실을 잘 구분하지 못한다고 한다. 기분이 좋지 않을 때도 억지로 웃는다면 뇌는 실제로 기분이 좋은 것으로 착각한다. 엔도르핀 등의 면역력을 높이는 신경전달물질을 분비하는 것이다. 그 결과 실제로 기분도 좋아지고 즐거워질 이유도 생기게 된다. 군 생활을 하면서 부정적인 생각이 들면 꼬리에 꼬리를 물고 우울감으로 이어지기 쉽다. 억지로라도 웃으면서 부정적인 감정을 빨리 떨쳐내고 슬럼프를 극복하자.

처음 실무지에 가게 되면 모든 것이 낯설고 어렵게 느껴진다. 계급은 하사를 달고 있지만, 함정 생활 전반적인 이해와 업무 능력이 이등병의 수준과 다르지 않다. 그렇다고 이등병처럼 어리바리하게 생활해선 안 된다. 어쨌거나 당신은 자원해서 입대했고 급여를 받으며 복무하는 간부이기 때문이다. 그만큼 책임감을 느끼고 하루빨리 적응해나가야 한다. 함정 생활과 업무를 잘

하면서 빠르게 적응해나간다면 승조원들과의 관계도 수월해질 것이다. 반대로 적응을 잘못하고 실수가 많은 모습을 자주 보인다면 스스로 고립되기 쉬운 계층이 초임 하사이다.

이 책에 있는 내용들을 잘 기억해서 실천하도록 하자. 차라리 자신의 개인 침대 맡에 이 책을 두고 틈틈이 읽어라. 하루를 마치고 잠이 들기 전에 자신을 돌아본다면 더 나은 내일을 맞이할 수 있는 지침이 될 것이다.

혹시 첫 근무지 적응에 어려움을 겪고 있는가? 그렇다면 먼저 감사하는 마음을 가지자. 지금 당장 힘들어 죽겠는데 감사하라니 무슨 소리냐고 반문할 수도 있다. 지금 상황이 좋지 않을수록 앞으로 좋아질 일밖에 없기 때문이다. 지금까지 두각을 나타내지 못했을수록 앞으로는 조금만 잘하더라도 주목받게 될 것이다.

나는 군 생활에 너무나도 적합하지 않은 사람이었다. 그런 나도 적응하고 잘해낼 수 있었다. 처음일수록 낮은 자세로 배워나가자. 몇 달만 내 밑에는 갑판밖에 없다는 자세로 배운다면 웬만한 일에는 끄떡없는 부사관이 되어 있을 것이다. 당신의 성공적인 해군 생활을 응원한다.

04

고민만 하는 것보다
실수하는 것이 낫다

"살면서 저지를 수 있는 가장 큰 실수는 실수할까 봐 끊임없이 걱정하는 것이다."

– 미국 작가 앨버트 허버드

나는 어떤 일이든지 배우는 속도가 느리다. 학습 속도가 느리고 행동도 느린 편이다. 이런 나와 함께 일하던 동료들은 얼마나 답답했을까? 어떤 일을 빨리 처리해야 하는데 우물쭈물하고 있으니 다른 사람이 일을 처리한 적도 있었다. 신중한 성격 탓에 빠른 행동과 일 처리를 요구하는 조직에 적응하는 데 어려움을 겪었다.

내가 그동안 배움이 느렸던 이유는 실수하기를 두려워했기 때문이다. 매사에 신중하게 행동했기 때문에 실수를 통해 빠르게 배울 기회를 많이 놓쳤다.

실수하지 않기 위해 눈치를 보고 더 준비했다. 그 결과 5분이면 끝날 일을 30분씩 붙잡고 있는 경우가 많았다.

실수를 통해 배운 일의 가장 좋은 점은 왜 이렇게 하면 안 되는지 확실히 알게 된다는 것이다. 내가 실수를 두려워했던 일 중 가장 큰 것은 공문서 작업이다. 하사에서 중사로 진급을 하고 나면 실무적인 일뿐만 아니라 행정적인 업무도 맡게 된다. 교육 계획, 결과, 수리 관련 업무 등 공문서 작업을 할 일이 생긴다. 직별장이 부재일 경우 스스로 처리해야 할 일들도 생기곤 한다.

나는 공문을 작성한 후 빨리 보내지 않고 틀린 게 있는지 계속 검토했다. 별로 수정할 사항이 없는데도 혹시 틀린 게 있을까 하는 마음에 걱정하는 것이다. 물론 상부에 보고하는 문서는 신중하게 작성해야 한다. 사람에 따라 차이가 있지만, 기본적인 양식에 어긋나지 않고 내용에 부족함이 없다면 결재는 쉽게 통과되기 마련이다. 혹시 미흡한 부분이 있다면 바로 위 결재라인에서 피드백과 함께 반려하거나 의견을 더해서 곧바로 진행될 것이다.

빨리 처리할 수 있는 일을 띄어쓰기 하나하나 점검하고 있으니 답답한 노릇이었다. 내가 일을 맡으면 업무가 늘어지는 상황이 반복되면서 효율이 무척 안 좋아졌다. 답답했던 나는 그냥 저지르기로 했다. 어느 정도 작성을 하고 난 후 별로 이상이 없어 보이면 바로 결재를 올리는 방식으로 바꿨다. 그랬더니 생각보다 문제가 없었다. 가끔 실수가 발생하더라도 즉각 피드백을 받았다. 바로 수정해서 다시 결재를 올리면 바로바로 처리되곤 했다.

그때 나는 실수를 두려워하는 마음이 문제였다는 것을 깨달았다. 실수를 걱정하는 마음이 실수를 만들어낸다는 것을 알게 되었다. 실수해도 괜찮다는 마음으로 담대하게 일을 진행하니 오히려 실수는 줄어들었다. 그리고 가끔 발생하는 실수도 치명적인 실수는 없었다. 오히려 무엇이 잘못됐는지 피드백을 받아 다음 업무가 훨씬 빨라지는 경험을 했다.

초임 하사 시절에는 실수가 어느 정도 용납이 될 수 있다. 그러니 겁먹지 말고 어떤 일이든 자신감을 가지고 일하도록 하자. 실수하면 할수록 당신은 실수했던 분야에 대해서 잘 알게 될 것이다. 그 일을 어떻게 처리해야 하는지, 왜 이렇게 처리하면 안 되는지 직접 겪어봤기 때문이다.

더 나은 부사관이 되기 위해서는 실수를 드러내는 것에 두려움을 내려놓아야 한다. 가장 많은 실수를 하는 사람이 가장 많은 것을 배운다. 다른 사람들에게 가장 노력하는 사람으로 비춰진다. 실수를 통해 배운 것을 메모하고 다음에 일할 때 적극적으로 활용하자.

당신이 노력하는 모습을 동료들은 지켜보고 있다. 그들은 머지않아 당신의 노력을 인정해줄 것이다. 초반의 실수는 자신의 기량을 한층 업그레이드시킬 좋은 기회이다. 그러므로 실수를 부끄러워하지 말고 자신감을 가지자. 열심히 일하면서 좌충우돌 실수하며 빠르게 당신의 자리를 잡아나가라. 한번 실수는 용서할 수 있다. 한번의 실수를 통해 다음에 발생할 수 있는 실수를 초반에 차단하라.

나는 대외부대에 업무협조를 구하는 것이 굉장히 어려웠다. 전화가 연결되면 어떻게 말해야 하는지에 대한 부담감이 컸기 때문이었다.

"영민아, 군수과에 전화해서 수리부속 언제 받을 수 있는지 물어봐라."

이런 일을 종종 맡게 되면 나는 가슴이 요동치며 전화하는 데 한참을 망설였다. 그냥 물어보면 되는데 뭐라고 말을 해야 하는지 머리가 백지가 되어버렸다. 지금 생각해보면 한심하다 싶을 정도로 답답한 모습이지만 당시 나에게는 심각한 문제였다. 망설인 끝에 전화하면 1분도 되지 않아 답변을 듣고 문제가 해결되었다.

말하는 것이 문제가 아니라 전화를 하면서 말실수를 할까 봐 두려워했던 내 마음이 문제였다. 말실수해도 아무런 문제가 없었다. 전화를 잘못 걸었든 엉뚱한 내용을 물어보든 답변해주는 내용을 못 알아듣든 문제없었다. 대외 부서 업무이기 때문에 대부분은 친절하게 응대해주곤 했다.

나는 이후로 대외부서에 문의할 일이 있다면 문의 사항을 간단하게 메모한 뒤 곧바로 전화했다. 10~20분 머리 싸매고 고민할 일들이 전화 한 통으로 5분 이내에 해결되는 경험을 많이 하게 됐다.

상부에서 지시받은 일이나 선배가 시킨 일을 수행하면서 항상 느꼈던 것이 있다.

'박 중사님이 간단하게 설명해서 바로 이해했는데 왜 시작부터 막히는 걸까?'

'여기 오면 물건이 있다는데 왜 항상 없는 것일까?'

'김 상사님한테 물어보라는데 물어보면 왜 항상 처음 듣는 것처럼 반응할까?'

이런 상황은 흔히 발생한다. 그러나 실수할 것을 두려워하여 전전긍긍하지 마라. 어떻게든 문제를 해결하려는 방법을 고민하면 답을 찾을 수 있다. 업무에 융통성을 가지자. 같은 일이라도 문제를 해결하는 데는 다양한 방법이 있다는 것을 기억하자. 실수할 것에 대한 마음을 내려놓고 최선의 방법을 선택해서 업무를 하면 된다. 당신이 생각한 최선의 방법으로 처리한 일의 진행 상황을 보고하라. 만약 조그만 실수도 용납하지 않는 사람을 만났다면 그냥 그 사람이 빨리 전출 가기를 기도하며 꾹 참고 기다리자. 무슨 일이든 하고자 하는 사람은 방법을 찾고, 하기 싫어하는 사람은 핑계를 찾는다.

우리는 살면서 어떤 안 좋은 일을 피해 갔을 때 안도하곤 한다. 안 좋은 일을 겪지 않는 것은 다행이지만 혹시 겪더라도 부정적으로 생각하지 않아도 된다. 그 일조차 나중에 같은 일을 겪었을 때 잘 대처할 수 있는 밑거름이 되곤 한다. 어떤 일을 처리했을 때 무엇이 문제인지 잘 모르는 상태에서 해결이 되었다면 그것만큼 불안한 상황은 없다. 지금 얼렁뚱땅 넘어간 문제는 언제 나에게 다시 닥칠지 모르기 때문이다. 그 문제가 다시 닥쳤을 때는 더 큰 실수를 할 확률이 높아진다. 이는 경험적으로도 알 수 있다. 애매하게 넘어간 문제는 언젠가 반드시 나에게 다시 돌아온다. 그때가 되어서 허둥지둥 당황하게 된다.

실수에 대한 두려움을 극복하기 위한 가장 빠른 길은 자신이 그 실수를 직접 겪어보는 것이다. 처음 실수를 저지른 이후에 두 번 다시 같은 실수가 반복되지 않도록 노력한다면 실수에 대한 두려움은 극복할 수 있다. 당신의 실수로 인해 치명적인 일이 발생할 확률은 높지 않다. 애초에 그런 중요도가 높은 일은 맡겨지지 않기 때문이다. 군함의 생명과도 같은 장비 작동과 직결된 문제가 아니라면 실수하는 것에 두려움을 갖지 말자.

많은 고민은 나의 에너지를 깎아내린다. 고민할 시간에 일을 저지르고 빨리 배우자. 그것이 시간과 에너지를 아끼는 빠른 지름길이다. 실수하더라도 절대 죽지 않는다. 실수는 시간이 지나고 나면 하나의 추억으로 남을 뿐이다.

실수는 당신을 성장으로 이끈다. 실수하는 것을 두려워한다면 제자리에 머물 수밖에 없다. 실수 없이 성장하는 사람은 세상에 아무도 없다. 인생을 살아가면서 정말 나 자신이 성장하는 순간은 실수를 통해 배우는 순간이다. 그 순간에 감사하자. 질책은 눈 한번 질끈 감으면 지나가고 마는 것이다. 당신이 어제보다 오늘 더 나아졌다는 사실에 감사하자.

『오늘보다 더 나은 내일을 위한 최고의 선물』의 저자 여훈은 이렇게 말했다.

"실수하는 사람은 실수하지 않는 사람보다 빨리 배운다. 실수하는 사람은 실수하지 않는 사람보다 깊게 배운다. 실수하는 사람은 실수하지 않는 사람보다 쉽게 적응한다. 가장 큰 실수는 실수하기를 두려워하는 것이다."

해군 역사를 공부해보자

우리나라 해군 역사에 관심을 가져보자. 책, 영상 등의 다양한 매체를 활용하여 이순신 제독부터 손원일 제독까지 공부해보자. 해군에게 필요한 국가관과 안보관은 하루아침에 만들어지지 않는다. 지식을 바탕으로 신성한 국방의 의무를 수행하는 자신의 경험이 어우러질 때 생긴다. 이런 공부는 면접을 준비하는 데도 도움이 될 것이다.

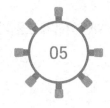

05

질문은 당신을
성장으로 이끈다

서울함에 전입하며 다시 함정 생활을 시작했다. 1년간의 육상근무로 나는 많은 것들이 무뎌졌다. 함정 생활의 기본적인 것들을 거의 까먹은 것이다. 서울함에서 맞선임인 H중사를 만났다. 나보다 18기수 선배였다. 선임 하사 다음이 나였기 때문에 많은 것들을 배우고 익혀야만 했다. 선임 하사는 나에게 질문을 많이 할 것을 당부했다.

"모르는 것이 있으면 무엇이든지 질문해라. 내가 모르는 것이라면 공부해서라도 가르쳐주겠다. 나를 귀찮게 괴롭혀라."

나는 대답만 그럴듯하게 알겠다고 했다. 당시 함정 생활에 적응하는 데 시간이 조금 걸렸다. 독신자 숙소가 바로 나오지 않아 3개월 이상 대기를 하며 동기 방에서 같이 살았다. 충주함 시절 메모했던 수첩을 잃어버려 기본적인 업무도 다 까먹은 상태였다. 당시 서울함으로 전출 가게 된 것은 갑작스러운 일이었기 때문에 의욕 또한 저하된 상태였다. 그냥 하루하루 시간 보내며 지내는 상황이었다.

H선배는 처음에는 전반적인 것들을 다 알려주었다. 그 뒤로는 물어보는 것만 가르쳐주었다. 나는 약간의 불만이 있었다.

'질문하고 싶어도 아는 것이 없는데, 좀 더 가르쳐주면 안 되나?'

하지만 선배는 질문하는 것만 가르쳐줬다. 선배는 시간이 지나 전출을 갔고 결국 나는 많은 것을 배우지 못했다.

몇 년이 지나고 나에게 후배들이 생긴 이후 선배가 왜 가르쳐주지 않았는지 깨닫게 되었다. 2명의 후배를 교육하며 절실하게 느꼈다. 한 명은 자원해서 들어왔지만, 매사에 배우고자 하는 의욕이 부족했다. 다른 한 명은 군에 어쩔 수 없이 왔고 막연한 두려움을 가지고 있었다. 또한, 열심히 해야 할지 빨리 그만둬야 할지 고민하는 중이었다.

처음에는 후자의 후배를 걱정했다. 전입할 때부터 이런 고민을 하고 있다면 결국 나갈 수도 있을 것 같다는 생각이 들었기 때문이다. 그러나 그 후배는 고민하는 와중에도 계속 나에게 질문했다. 나는 질문한 내용에 더하여 어떤 것에 대한 원리부터 내가 시행착오를 겪으며 깨달은 점까지 설명해주었다. 내가 알고 있는 것들을 모두 알려주고 싶은 마음이 들었다.

반면에 전자의 후배는 질문이 없었다. 후배가 배워야 할 것을 내가 답답해서 알려주고 일일이 챙겨주었다. 몇 번의 경험을 겪은 끝에 나는 그 후배가 질문하지 않는 이상 아무것도 알려주지 않았다. 뒤늦게 자신에게 닥친 일로 물어볼 때도 단답형으로만 알려주었다. 오히려 내가 화를 내는 일도 있었다. 노력 없이 주는 것을 받아먹기만 하겠다는 태도가 보였기 때문이다. 당장 위기 모면을 하기 위한 질문이었다. 나는 이것이 과거 나의 모습이었다는 것을 알게 되었다. 왜 선배가 나에게 그렇게 대했는지 직접 경험해보고 깨달았다.

질문하는 사람에게 더 마음이 간다. 더 챙겨주게 된다. 궁금한 것이 있다면 선배를 계속 귀찮게 하라. 나를 알아보고 키워주는 사람은 없다. 내가 찾고 구해야만 한다. 당신이 계속 질문을 하면 선배는 하나라도 더 많이 알려주고 싶어진다. 간단하게 알려줄 수 있는 것도 그것의 원리까지 알려주고 싶어진다. 왜 그렇게 해야 하는지, 지침을 지키지 않으면 어떤 일이 일어나는지 시시콜콜한 것까지 알려주게 된다.

질문하는 후배에게 마음이 더 가고 애정이 생기는 법이다. 지금 질문하지 않고 넘어가면 나중에는 질문할 수 없는 시기가 온다. 어느새 선임이 되었을 때 그때 넘어갔던 문제를 질문하는 것이 자존심 상하는 일이 되는 때가 금방 다가온다. 일을 후배들에게 맡겨버리고 방관자로 일임하면 처음에는 편할지도 모른다. 그러나 얼마 지나지 않아 큰 대가를 지불하게 된다.

앤서니 라빈스는 세계적인 동기부여가이자 이 시대에 가장 영향력 있는 사람으로 평가받는 인물이다. 그는 가난한 형편으로 인해 고등학교밖에 졸업하지 못했으며, 캘리포니아에서 청소부로 일을 했다. 실패하는 인생을 살고 있던 그는 '질문'을 바꿈으로써 인생을 완전히 바꾸게 되었다. 질문의 힘을 깨달은 그는 부정적인 질문을 그만두고 꿈을 이루는 질문을 실천하기로 마음먹었다. 앤서니 라빈스는 저서 『네 안에 잠든 거인을 깨워라』에서 아침 · 저녁 질문법에 대해 다음과 같이 제안한다.

〈아침 질문법〉

1. 지금 내 삶에서 행복하다고 느끼는 것은 무엇인가?

2. 내 인생에서 나를 들뜨게 하는 것은 무엇인가?

3. 내 인생에서 자랑스럽게 생각하는 것은 무엇인가?

4. 내 인생에서 감사하다고 느끼는 것은 무엇인가?

5. 지금 내 삶에서 가장 즐기고 있는 부분은 무엇인가?

6. 지금 당장 내가 결단을 내린 것은 무엇인가?

7. 내가 사랑하는 사람은 누구인가? 누가 나를 사랑하는가?

〈저녁 질문법〉

1. 나는 오늘 사회에 어떤 공헌을 했는가?

2. 오늘 내가 배운 것은 무엇인가?

3. 오늘 내 삶에서 발전을 이룬 것은 무엇인가? 또는 내가 오늘 이룬 것을
   어떻게 내일을 위한 투자로 활용할 수 있을까?

나는 항상 부정적인 질문을 마음속에 품고 있었다.

"왜 나는 매일 바쁘기만 한 것일까?"

"안 해도 될 일을 굳이 왜 만들어서 하는 것일까?"

"왜 ○○ 중사는 나만 보면 못 잡아먹어서 안달일까?"

부정적인 질문들이 나의 무의식에 작용하여 매사에 부정적인 결과로 이끌었다. 나는 전역지원서를 제출한 직후 지금까지 군 생활이 쉽지 않게 느껴졌던 근본적인 이유가 내 마음에 있었음을 절실히 깨달았다. 전역지원서를 제출한 것은 단지 종이 한 장을 작성한 것뿐이었다. 이제 내가 원하는 일을 할 수 있겠다는 마음에 홀가분한 기분이 들었다.

그런데 그 순간부터 나는 그동안 어렵게 느껴졌던 업무들이 너무나 쉽게 느껴졌다. 말 한마디로, 전화 한 통으로, 내가 조금만 움직이면 쉽게 해결되는 일만 보였다. 그 일들은 새로운 일이 아니라 그동안 계속 해온 일들이었다.

나는 지난 시간이 너무 아쉽게 느껴졌다. 후회하는 마음이 솟아올라 사무실 옥상에 올라가서 먼 하늘을 한참 동안 바라보았다. 왜 진작 이렇게 생각하지 못했을까? 생각을 조금만 바꿨어도 훨씬 생산적이고 즐거운 생활을 할 수 있었을 텐데 하는 생각이 들었다. 열린 마음을 가졌다면 좀 더 멋지게 군 생활을 할 수 있었을 것이다. 결국 내 마음이 모든 문제의 근원이었음을 알게 되었다.

질문은 당신을 성장으로 이끈다. 앞으로 배울 것이 많은 초임 하사일수록 질문을 입에 달고 살아야 한다. 질문하지 않는 것은 완전히 당신의 것이 되기 어렵다. 그러나 질문을 하는 순간 이미 질문에 대한 답은 당신 안에 생겨난다. 질문하고 배워나가는 즐거움 속에 있을 때 어느 순간 유능한 부사관이 되어 있는 자신을 발견하게 될 것이다.

부정적인 상황 속에서도 의식적으로 긍정적인 질문을 던지고 답해보라. 부정적인 감정에 둘러싸여 있더라도 그 가운데서 감사한 일을 찾을 수 있을 것이다. 긍정적인 질문으로 하루를 시작하고 끝낸다면 오늘보다 더 나은 내일을 보낼 수 있을 것이라 믿어 의심치 않는다.

매일 아침 · 저녁으로 실천해볼 질문

〈아침 질문법〉

"오늘 출근하면 어떤 일이 나를 기다리고 있을까?"

"오늘 내가 새로 배울 것은 무엇이 있을까?"

"오늘 업무를 성공적으로 마치려면 어떻게 해야 할까?"

"어떻게 하면 동료들과 좋은 관계를 유지할 수 있을까?"

〈저녁 질문법〉

"오늘 하루 감사했던 일은 무엇인가?"

"내가 오늘 배운 것은 무엇인가?"

"오늘 배운 것을 앞으로의 해군 생활에 어떻게 적용할 것인가?"

"나는 오늘 ○○함에 어떤 공헌을 했는가?"

06

인정받는 박 하사의 수첩에는
무엇이 적혀 있을까?

나는 암기력이 좋지 않다. 누군가와 얼굴 보며 이야기한 것을 뒤돌아서면 바로 까먹는 경우가 정말 많았다. 사람이면서도 기억력은 금붕어 수준이 아닌가 싶을 정도로 암기력이 심하게 좋지 않았다. 그러다 보니 업무에서 실수도 잦았다. 일의 순서가 뒤죽박죽 엉망이 되고 스스로 힘들어하며 자포자기하곤 했다. 이런 나를 바로잡아 준 것은 바로 '메모'이다. 메모 습관 하나만으로 나의 군 생활은 상당히 많이 개선되었다.

사람의 기억력에는 한계가 있다. 암기력이 좋아 다양한 지식을 알고 있더라도 그것을 적재적소에 꺼내 활용하기에는 쉽지 않다. 급한 상황, 압박감 같은 스트레스 속에 있을 때는 간단한 것도 떠올리기 어렵다. 이런 암기력의 한계를 보완하기 위해 수첩을 활용하는 것은 많은 도움이 된다. 부사관으로서 경력이 많이 쌓인다면 굳이 수첩에 적지 않아도 일을 꿰뚫어 보는 내공이 생긴다. 그러나 아직 배우고 성장하는 단계일수록 머릿속에 기억하겠다는 생각은 잠시 접어두자.

해군 생활은 하루가 정말 바쁘게 돌아간다. 부대마다 차이가 있지만 전투함일수록 그렇다. 그리고 배가 크면 클수록 바쁘다. 사람이 많은 만큼 처리해야 할 일도 많기 때문이다. 특히 이제 갓 임관한 초임 하사라면 '당직하사'라는 직무에 치가 떨리는 순간이 올 것이다.

당직하사는 각 부서에서 인원보고, 각종 행정업무 등을 처리하는 실무업무를 많이 담당하는 직책이다. 부서의 하사 계층에서 1주일씩 돌아가면서 당직하사 업무를 담당한다. 각종 지시사항 전파, 지시사항 집행결과 보고, 설문조사 등 부서의 모든 자잘한 행정업무를 담당한다고 보면 된다. 배에서 "알림, 각 부서 당직하사…"라는 방송만 들리면 자다가도 소름이 돋을 정도이다. 그만큼 배에서 누구보다도 가장 많이 뛰어다녀야 하는 위치이다.

바쁜 업무를 처리하기 위해서는 절대로 자신의 머리를 믿으면 안 된다. 반드시 수첩에 처리해야 할 업무 내용을 우선순위대로 정리해두어야 한다. 초임 하사는 당직하사 업무뿐만 아니라 직별 업무, 작업원 차출, 훈련 등에도 빠질 수 없다. 그 때문에 동시다발적으로 일을 처리해야 할 상황이 많이 발생한다. 이럴 때 수첩에 업무 내용을 정리해두는 습관을 지닌다면 업무에 빠르게 능숙해질 것이다. 우선순위에 따라 일을 처리함으로써 인정받는 부사관으로 성장할 수 있을 것이다.

　나는 3개의 수첩을 주제별로 만들 것을 권한다.

　첫째, 업무용 수첩으로 꼼꼼하게 업무를 처리하라. 업무용 수첩은 평소 업무를 하면서 수시로 메모하고 기록하는 데 사용하는 수첩이다. 업무를 하면서 완료된 일, 진행 중인 일, 지연된 일에 대해 표시하라. 참고사항, 생각 등의 내용도 함께 기록해라. 바쁜 와중에 누가 물어봤는데 기억이 나지 않을 때 "잠시만 기다려주십시오. 수첩에 메모해뒀습니다."라고 하며 바로 찾아서 답변할 수 있다. 만약 메모하지 않았다면 어떤 일이 펼쳐질지는 뻔하지 않겠는가?

　둘째, 장비 수첩으로 직별 전문성을 향상시켜라. 직별 장비 수첩은 장비에 관한 내용을 메모한다. 직별 장비의 제원, 운용 시 반드시 기억해야 할 사항 등을 기록한다. 또한, 장비에 대한 기본 원리, 승조한 함정에만 있는 장비의 특성, 운용 노하우를 기록하라. 군사보안에 위반되는 내용은 적지 않도록 유의해야 한다. 이러한 자료들을 기록하는 것이 습관이 된다면 어떤 배를 타더라도 자신감을 가질 수 있을 것이다.

　셋째, 훈련 수첩으로 훈련 시 중요한 순간에 정보를 활용하라. 훈련 수첩은 직별에 따라 훈련에 관련된 내용을 메모하는 것이 좋다. 마찬가지로 군사보안에 위반되는 내용은 적으면 안 된다. 자신이 꼭 참고해야 하는 것, 훈련 때 필요한 내용과 잊어버리기 쉬운 내용 등을 적어둔다. 평소에는 자료가 필요할 때 자리를 움직일 수 있다. 훈련할 때는 자신의 자리를 지켜야 한다. 훈련 중 어떤 수치가 갑자기 생각이 나지 않을 때 재빠르게 수첩을 꺼내서 활용하라. 주어진 임무를 정확하게 수행함으로써 신뢰 향상과 자신감은 자연스럽게 따라올 것이다.

나는 항상 주머니에 수첩 2개씩 가지고 다니기를 권장한다. 큰 수첩은 휴대성이 불편하고 손바닥 크기 정도의 작은 PD수첩 정도면 충분하다. 업무수첩과 장비 수첩을 근무복 주머니 또는 전투복 주머니에 항상 2개씩 넣고 다니자. 훈련 수첩은 따로 챙겨두었다가 필요할 때 꺼내서 활용하면 된다.

메모와 관련된 긍정적인 경험 한 가지를 나누고자 한다. 잠수함 승조원이 되기 위해서는 오랜 시간이 걸린다. 6개월간의 잠수함 기본 과정과 보직 전 과정, 그리고 SQS(Submarine Qualification System) 과정 즉, 잠수함 승조 자격부여 제도를 통과해야만 한다. SQS에 합격하기 전 돌고래 휘장을 달고 있지 않다면 진정한 잠수함 승조원이라고 할 수 없다. 잠수함 승조원이 되기 위해서는 그만큼 많은 전문 지식을 습득해야 한다. 승조원 한 사람의 책임과 역할이 큰 곳이 바로 잠수함이기 때문이다. 한 사람의 실수로 모두 죽을 수 있고, 한 사람의 조치로 모두 살 수도 있다. 때문에 SQS를 통과하기까지 모든 교육생은 험난한 과정을 거친다.

　나 또한 SQS를 하며 마음고생을 많이 했다. 아무리 책을 봐도 내용이 잘 이해되지 않았다. 기능을 만져보며 공부하더라도 머리로는 이해가 되는데 구두로 설명을 못해서 답답했다. '내 머리가 이렇게 나쁘구나.'라는 부정적인 생각이 많이 들었다. 다른 동기들은 진도가 쭉쭉 나가는데 왜 나는 안 되는가 하며 자책도 많이 했다. 마침내 첫 출동이 끝나고 입항을 했다. 출동 중 나름대로 최선을 다한 결과 SQS 4단계까지 합격을 했다. 이제 다음 날 돌고래 휘장 패용식만 하면 나는 잠수함 승조원으로 다시 태어나는 것이었다.

　나는 첫 출동을 다녀오며 적잖은 마음고생을 했다. 선배에게 인정받지 못하고 후배보다 아는 것이 없어 자존감이 많이 떨어졌었다. SQS 공부는 뒤쳐지고 당직 근무도 힘겨웠다. 선배의 전출이 확정되는 바람에 내가 선배의 공석을 메워야 했다. 배울 기회와 시간도 한정돼 있던 터라 나는 모든 것을 필사적으로 배우고자 노력했다.

　음탐장님과 같이 당직 근무를 서면서 당직 때 배운 것을 수첩에 기록했다. 당직이 끝나면 수첩에 기록한 내용을 토대로 지침서를 찾아보며 공부했다. 절박한 마음에 내가 보고 들은 모든 것을 기록하겠다는 심정이었다. 이해되지 않는 것은 따로 기록해놓고 나중에 공부하기로 했다.

　입항 후에 부서원들끼리 SQS 합격을 축하하는 회식을 했다. 정신없이 시간이 지나갔던 터라 임무를 무사히 마쳤다는 마음에 멍하게 있었다. 그때 음탐장님이 나에게 격려의 말을 했다. "영민아, 정말 잘해줬다. 내가 20년 넘게 잠수함 근무하며 보았던 교육생 중 최고의 교육생이다! 이대로만 쭉 해나간 다면 반드시 인정받는 날이 올 거다."라고 하며 특히 메모하는 자세를 높이 평가했다. 그때 음탐장님의 격려를 아직도 생생하게 기억한다.

나는 암기력이 좋지 않아 메모를 시작했다. 당장 업무 능력은 서툴고 부족하더라도 메모하는 습관은 반드시 좋은 결실로 이어졌다. 아직 실무생활에 적응하는 과정일수록 더욱 메모하라. 수첩에 메모하는 것은 단순히 글을 적는 것 이상의 효과를 볼 수 있다. 메모하는 과정에서 먼저 생각이 정리된다. 그리고 펜으로 종이에 적음으로 인해 내용을 시각화하고 단기기억에서 장기기억으로 전환된다. 결국, 메모로 인해 메모를 보지 않고도 더욱 잘 기억할 수 있게 된다. 메모하는 후배를 미워할 선배는 없다. 노력에 대한 자기표현인 동시에 업무 능력 향상까지 안겨준다. 메모하는 습관은 당신에게 많은 것을 선물해줄 것이다.

몸이 기억할 때까지
익히는 것이 훈련이다

"음탐 직별은 일과 정렬 마치고 바로 모의훈련 준비해주세요."

'아~ 또 훈련이야? 일도 많고 바빠 죽겠는데 몇 번째인지 참⋯.'

어뢰 발사 모의훈련을 두고 나는 속으로 불평을 했다. 어뢰 발사훈련 날짜가 다가오며 매일 모의훈련을 시행했다. 주간에 여건이 되지 않을 때는 야간에도 훈련했다.

잠수함에서는 다양한 훈련을 한다. 그중 잠수함 훈련의 꽃이라고 할 수 있는 훈련이 있다. 바로 '어뢰 발사훈련'이다. 어뢰 발사훈련은 잠수함이 매년 실시하는 훈련으로 실제 전투함을 모의 표적으로 해서 훈련탄을 발사하는 훈련이다. 잠수함에서는 이 훈련을 성공적으로 달성해야 한해 농사를 잘 지었다는 기분을 느낄 수 있다.

통상 어뢰 발사훈련을 하기 전에 어뢰 100발을 쏜다는 불문율이 있다. 그만큼 초고도의 숙련된 감각, 집중력이 요구되는 중요한 훈련이다. 따라서 시간이 날 때마다, 없는 시간을 쪼개서라도 최대한 많은 훈련을 한다. 훈련이 끝나면 강평을 하며 부족한 부분을 계속해서 보완해 나간다. 이렇게 수없이 많은 훈련을 몸에 익혀야 비로소 실전에서 결정적인 한 방을 먹일 수 있다.

내가 가장 힘들어한 훈련이 있다. 실제 해상에서 안전 항해를 보장할 수 있도록 다양한 항해 상황에 대처하는 모의훈련인 '항해 숙달훈련'이다. 나는 이 훈련이 너무나도 두려웠다. 잠수함 기본 과정 교육을 받을 때부터 훈련을 너무 못했다.

실무에 와서도 마찬가지였다. 내가 음탐 콘솔에 앉으면 바보가 되어 배는 항상 산으로 갔다. 어선이 올라타고 상선이 올라타고 매번 훈련마다 난리였다. 아무리 시나리오를 달달 외우고 시뮬레이션을 하며 연습해도 훈련 때가 되면 벙어리에 바보가 되고 말았다. 항해 숙달훈련 공포증이 생겨서 훈련 전날이면 스트레스로 잠을 제대로 못 자 거의 미칠 지경이었다.

어김없이 훈련은 시작되었고 3명의 음탐사 중 내가 가장 먼저 시작했다. 후배들에게 부끄럽지 않게 제대로 해야만 했다. 그러나 여느 때처럼 훈련이 매끄럽지 않고 미숙한 점들이 노출되었다. 따끔한 강평을 듣고 훈련 수첩에 보완할 점들을 한가득 기록했다.

잠수함사령부에는 '가장 강한 잠수함은 훈련을 가장 많이 한 잠수함이다' 라는 문구가 있다. 은밀성이 생명인 잠수함이 적과 싸울 때는 일발필중, 단한 발로 반드시 적을 격침시켜야만 한다. 이 같은 전투태세를 유지하기 위해 해군에서는 교육훈련의 중요성을 강조하고 있다.

교육 훈련과 전투태세에 관한 이야기는 훈련소에서부터 너무 많이 듣다 보니 내성이 생겼다. 건성건성 늘 하던 구호겠거니 하며 영혼 없이 외치곤 했었다. 그런데 그런 불량 군인의 태도를 한순간에 잠재워버린 결정적인 사건이 있었다. 잠수함 승조를 하면서 훈련에 대한 위의 문구를 절실하게 느꼈던 경험이 있어 소개하고자 한다.

경비 임무를 마치고 집으로 돌아가던 중 여느 때와 같이 스노클을 준비했다. 나는 음탐사로서 심도변경을 하기 전에 전 방위의 접촉물을 확인하고 주변에 있는 표적을 보고했다. 당직사관도 접촉물 확인을 하고 위협 표적이 없다고 판단했다.

심도변경을 하기 위해 함장님이 함장실에서 나오셨다. 잠수함이 수면으로 올라갈 때 수면 위를 볼 수 있는 사람은 오직 함장님밖에 없다. 함장님이 잠망경 심도 진입준비에 대한 보고를 받고 심도변경을 명령했다.

분명히 접촉되는 표적은 없는데 그날따라 왠지 싸한 느낌이 들었다. 그러나 눈으로 확인할 수 있는 근거가 없었기에 별다른 권고를 할 수 없었다.

심도 40, 30, 29, 28…. 수면으로 올라가던 중 갑자기 함수에서 큰 소음이 접촉됐다. 나는 온몸에 소름이 끼치며 본능적으로 위협을 느꼈다. 이건 분명히 CEP 게임 때마다 내가 가장 두려워했던 순간이었다. 너무 익숙한 장면이었다. 어선이 가까이 통과하면서 훈련이 끝나는 순간이다. 생각할 겨를도 없이 나도 모르게 외쳤다.

"함수 전방 근접소음 접촉! 권고 긴급 잠항!"
"긴급 잠항! 안전심도 잡아!"

순식간에 함수가 급격하게 강하하며 긴급 잠항이 시작됐다. 모의 훈련장에서만 경험해봤던 실제 긴급 잠항이었다. 나는 아무 일도 일어나지 않기를 속으로 간절히 기도했다.

심도 30, 40, 50…. 안전심도로 변경 후 접촉물과 다른 방향으로 회피 후 다시 잠망경 심도로 진입했다. 안전하게 수면에 도달하여 확인해보니 다행히 원거리에 있는 접촉물이었다. 극도로 긴장했던 나는 그제야 깊은 안도의 한숨을 내쉬었다.

안전이 확보되고 난 후 함장님께서 조치를 잘했다고 칭찬하셨다. 같이 당직 근무를 섰던 전탐장님도 한마디 하셨다. 잠수함 근무 경력이 20년이 넘었지만 이렇게 실제로 긴급 잠항하는 경우는 거의 없었다고 하셨다.

표적이 없이 안전한 상황이어서 다행이었다. 만약 실제로 무엇인가 가까이 있었다면 어땠을까? 만약 이런 긴급상황에 대처하는 훈련을 평소에 하지 않았더라면 어떤 일이 벌어졌을까? 생각만 해도 끔찍하다. 나는 그런 아찔한 경험을 하고 나서야 왜 훈련을 반복적으로 해야 하는지 절실하게 깨달았다.

음탐사에게 필수적인 훈련인 청음훈련에 대한 사건도 있다. 잠수함에서 음탐사는 수중에서 발생하는 소음을 탐지하여 표적을 식별해야 한다. 잠수함은 오직 소리에 의존해서 물속을 항해한다. 음탐사가 잠수함의 눈과 귀 역할을 하는 것이다.

항해 중 소음을 듣고 정확하게 판단하는 사람은 음탐사 밖에 없다. 음탐사는 평소 수중에서 들리는 소음에 숙달하는 '청음훈련'을 실시한다. 상선소음, 어선소음, 군함소음, 생물소음 등 다양한 음원을 들으며 숙달한다.

나는 청음훈련을 너무 자주 하다 보니 불만을 가지고 있었다. 열심히 하지 않아서 평가점수도 늘 어중간했다. 내가 못하니 후배들이 성적이 좋지 않은 것은 당연했다. 훈련대에서는 매번 청음훈련 성적이 저조한 우리가 블랙리스트에 오를 지경이었다.

잠수함 승조 경험이 점점 쌓이면서 청음훈련의 중요성을 느끼기 시작했다. 수중환경은 너무나 변화무쌍한 곳이었다. 정체를 알 수 없는 순간적인 소음들이 들리는 경우가 많았기 때문이다. 알 수 없는 수중소음들은 나를 스트레스로 몰아넣었다.

"방위 090도 특이소음 접촉."

"무슨 소음이지?"

"음…. 처음 들어보는 소음입니다."

너무나 어처구니없는 보고였다. 차라리 말을 하지 않는 것이 나았다. 중요한 소음이 아니었지만 말해놓고 스스로가 부끄러워 얼굴이 빨개졌다. 내 얼굴에 스스로 먹칠했다는 생각이 들었다.

나에게는 어떤 소음에 대한 확실한 기준이 없었다. 모든 소리를 알 수 없지만, 기준이 있다면 비슷한 소음으로 충분히 유추해낼 수 있다. 이후 청음훈련이 있을 때마다 나는 최선을 다해 평가에 임하게 되었다.

해군에서는 끊임없이 훈련을 시행한다. 매년 같은 훈련을 반복하고 보완할 사항을 지속해서 보완해 나간다. 그동안 나는 훈련을 하며 무슨 생각을 했을까?

'제발 빨리 끝났으면 좋겠다.'

'이것만 지금 몇 번째 하는 거야? 지겹다….'

'또 소화훈련이야? 아~ 피곤한데 그냥 좀 쉬지….'

훈련은 머리로 하는 것이 아니다. 몸이 하는 것이다. 어떤 상황이 닥쳤을 때 고민하지 않고 즉각적으로 조치할 수 있어야 한다. '이렇게 하는 것이 맞나?' 하는 생각이 든다면 당신은 이미 적에게 죽었다고 보면 된다. 긴가민가한 생각이 들면서도 몸이 알아서 장비를 작동시키고 조처한다면 그것은 몸이 익힌 것이다.

특정 상황이 닥친다면 반사적으로 몸이 움직이게 된다. 이를 위해 끊임없이 반복 숙달훈련을 하는 것이다. 나는 이것을 너무 늦게 알았다. 군 생활을 거의 마칠 때쯤에야 깨달은 것이다. 머리로 아는 것과 몸으로 체험하는 것은 하늘과 땅 차이였다.

해군 생활을 하다 보면 수많은 훈련을 접하게 될 것이다. 모든 사람이 훈련을 잘하고 싶겠지만, 훈련의 결과는 좋을 때도 있고 좋지 않을 때도 있다. 그러나 나는 잘해내지 못한 훈련일수록 더욱 가치가 있다고 생각한다. 실전에서 적절히 대처하지 못했을 때 일어날 수 있는 상황을 보의훈련에서 미리 경험해보는 것이다. 실패하는 훈련이 반복되더라도 훈련에 감사하는 마음을 가지자. 훈련의 결과가 좋지 않아 선배들의 잔소리를 들을 수도 있겠지만 그것에도 감사하자. 지금보다 더 발전할 수 있는 든든한 발판이 되어줄 것이다. 이런 경험들이 하나둘 쌓여서 한 사람의 부사관이 만들어진다. 유능한 부사관은 하루아침에 만들어지지 않는다.

특수부대를 지망한다면 최소한 바다 수영을 경험해보자

UDT나 SSU 같은 특수부대는 많은 임무를 바다에서 수행하기 때문에 바다에서 이루어지는 훈련이 많다. 잔잔한 수영장 물과 달리 바닷물은 파도가 계속 치고 조류도 있어 완전히 다른 환경이다. 특수부대를 지망한다면 기회가 많이 주어지지 않는 만큼 더욱 철저하게 준비하자.

08

모두에게
좋은 사람이 될 수는 없다

사람의 열정은 유통기한이 얼마나 될까? 무슨 일이든 처음 시작할 때는 넘치는 의욕을 가지고 시작한다. 힘든 일이 있어도 힘들다고 느껴지지도 않고 적극적으로 나서서 일한다. 시간이 지날수록 그 열정은 사라지기 마련이다. 어제와 같은 오늘, 오늘과 같은 내일이 반복되는 일상 속에서 점차 지루함이 느껴지기 시작한다. 매너리즘이 찾아오는 순간이다.

"공무원 생활하면서 배부른 소리 하는 거 아니야?"

맞다. 배부른 소리다. 그러나 매너리즘 속에 있는 당사자는 갑자기 찾아온 무력감에 어쩔 줄 모르는 경우가 많다. 매일 무기력함을 느끼며 출퇴근길에

'내가 원하는 길이 이 길이 맞나? 매일 똑같은 일상이 반복되는데 이 일을 몇 년을 더 해야 하지?' 하고 되뇌곤 한다. 타성에 젖은 자신을 발견하는 것이다.

"김 하사! 현문에 수리부속 도착했는데 지금 가서 받아와야겠어."
"예! 지금 다녀오겠습니다!"

초임 하사 시절 모든 일에 의욕이 넘친다. 내가 어떤 일을 끝내면 "수고했다." 하는 선배의 말에 기분이 절로 좋아진다. 사람마다 다르지만, 업무를 시작하기 전에 티타임을 가지고 일을 시작하는 경우가 있다. 직별사들끼리 커피 한잔씩 하는 것이다. 직별 막내 부사관인 김 하사는 매일 선배들의 커피를 타곤 한다. 처음에는 즐거운 마음으로 커피를 탄다. 물의 양을 기가 막히게 조절해서 선배가 가장 좋아하는 최적의 농도를 맞췄을 때는 스스로 감탄하기도 한다. 그러나 1년 정도 시간이 흐르게 되면 슬슬 지겨워지기 시작한다. 매일 마시는 커피인데 하루는 귀찮아서 타지 않고 업무를 바로 시작하려고 한다. 그때 선배가 한마디 한다.

"커피 한잔 마시고 일 시작하자."
'내가 무슨 커피머신인가? 마시고 싶으면 직접 타서 마시든가. 스스로 할 줄 아는 게 하나도 없네.'

처음에는 의욕적이었는데 이제는 듣는 둥 마는 둥 대꾸도 잘 하지 않게 된다. 그리곤 속으로 불평을 하게 된다. 직업에 대한 회의감을 느끼기도 한다. 밖에서는 나름 간부라고 하지만 막상 현실은 매일 커피 타고 청소만 하는 자신이 초라하게 느껴진다. 지금껏 탔던 커피는 어림잡아봐도 자그마치 1,000잔이 넘는다. 아마 당시 커피에 조금만 관심이 있었더라면 나는 바리스타가 되었을 것이다. 동기나 후배에게 일을 미루기도 한다. 빠릿빠릿하던 행동도 기합이 빠지며 느슨해진다. 눈치는 늘어서 왠지 선배가 일을 시킬 것 같은 느낌이 들면 일부러 자리를 피하기도 한다.

자신의 직무에 대해 어느 정도 자신감이 생기고 함정 생활에 적응도 끝났다. 웬만한 일은 물어보지 않고 스스로 처리할 수 있을 정도의 수준에 도달했을 때가 바로 매너리즘이 다가오는 시기이다. 이쯤 되면 처음에 긍정적이었던 인간관계에 조금씩 불만이 생기기 시작한다.

나는 거절해야 할 일을 거절하지 못하고 해야 할 말을 제때 하지 못하는 편이었다. 한마디로 '호구'가 되기 쉬운 유형이었다. 사람들이 이용하기 좋은 사람이었다. 내가 바쁜데도 다른 사람이 부탁하면 거절하지 못했다. 내가 처리해야 할 업무들에 다른 사람들의 부탁까지 들어주려고 노력하면서 나 자신의 에너지를 너무 많이 소진했다. 나는 이런 경험들을 거치면서 모든 사람과 좋은 관계를 유지하려고 노력하지 말아야겠다는 생각이 들었다. 내가 부탁을 거절한다고 해서 좋은 관계가 깨질 일은 거의 없다.

착한 사람 콤플렉스가 가득했던 내가 인간관계에 대해 느낀 3가지에 관한 이야기를 나누고자 한다. 모든 사람과 좋은 관계를 유지하기 위해 노력할 필요는 없다. 이는 자신을 스스로 갉아먹는 행동이다. 나 자신이 건강하지 못하면 다른 사람과 건강한 관계를 유지하기 어렵다. 나 자신을 지키면서 타인과의 관계를 유지하는 방법에 대해 알아보자.

첫째, 거절해야 할 땐 거절하라. 만일 업무에 여력이 되지 않는데 부탁이 들어온다면 거절할 필요가 있다. 당장 부탁을 들어주지 않으면 혹시 그 상대방에게 미안한 마음이 들 것 같기도 하다. 내가 거절함으로 인해 상대방이 나에게 서운함이 느껴질 것 같은 기분도 든다. 그러나 생각처럼 그런 일은 일어나지 않는다. 내가 안 되면 다른 사람에게 금방 부탁한다. 거절했을 당시에는 조금 서운한 마음이 들지 모르지만 일이 해결되면 그조차도 금방 잊히게 마련이다.

내가 아니면 안 된다는 생각은 접어두자. 내가 아니라도 누군가로 대체될 수 있다. 우리는 해군이라는 조직, 즉 시스템에 속해 있다. 시스템 속에서 나의 역할은 다른 사람으로 금방 대체된다. 내가 중요한 사람이라고 생각할수록 내 자리가 대체되었을 때 느끼는 허전함이 커진다. 모든 일을 떠안으려고 하지 말자.

인간관계는 계산적으로 이루어지지 않는다. 타인의 말과 행동에 너무 의미를 부여하지 마라. 불필요하게 해석하려는 강박관념에서 벗어나라. 인간관계에 너무 노력을 들이면 그 관계는 오히려 의무적으로 되기 마련이다. 사람과 사람 사이에서 느껴지는 자연스러운 즐거움이 사라지곤 한다. 너무 잘 보이려고 하지 말자. 인간관계에 연연하지 말고 자연스럽게 행동해라.

둘째, 자신을 위한 시간을 확보하라. 나는 해군 생활을 하면서 나 자신을 위한 시간을 확보하는 것이 좋다고 생각한다. 배를 타고 임무를 수행하다 보면 집에 가지 못하는 날이 많다. 가족이 있어도 제대로 돌보지 못하는 날이 다분하다. 임무를 마치고 정박을 해도 야근, 당직, 회식 같은 정규업무 이외의 일에도 소홀히 할 수 없다.

나는 이럴 때일수록 조금이라도 자신만을 위한 시간을 가지라고 강조한다. 나 자신이 지치고 건강하지 못한 상태에 있다면 다른 관계까지 영향을 미치기 때문이다. 자신을 위한 시간을 확보하는 것은 그리 거창하지 않다. 매일 10분~30분 만이라도 자신의 마음을 돌아볼 수 있는 시간 정도면 충분하다.

퇴근 후 혹은 당직 근무를 마치고 비번일 때 근처 카페에서 커피 한잔 마시는 시간을 가지자. 오직 나만을 위한 시간으로 자신의 마음을 돌아보며 미래를 생각하는 시간으로 활용하자. 일과 후에 동료들끼리 모이는 자리가 종종 있을 것이다. 가능하면 함께하는 것이 좋지만 당신이 꼭 필요한 모임이 아니라면 거절하는 용기도 필요하다. 자신을 소중하게 대하는 사람이 타인도 소중하게 대할 수 있음을 기억하자.

셋째, 당신의 사생활을 지켜라. 혼자 있고 싶은 욕구가 있다면 혼자 있는 시간을 확보하라. 지키고 싶은 사생활이 있다면 지키고자 하는 용기가 필요하다. 그 욕구에 솔직하게 반응하고 타인에게 굳이 설명하려고 에너지를 쏟지 말자. 때로는 동료들 사이에서 당신의 사교성에 대한 논란이 오갈 수도 있다. 그들이 당신을 이해하지 못한다고 해서 두려움을 가질 필요는 없다.

군인은 국가에 헌신해야 할 사람이지만 군인이기 전에 국민의 한 사람이다. 따라서 근무시간 이외에는 최선을 다해 자기 자신과 가족을 위한 시간을 가질 필요가 있다. 안타깝게도 조직은 가족 중심적인 것처럼 보이지만 실제로는 그렇지 않을 때가 많다. 가족보다 동료들끼리 함께 보내고자 하는 시간을 요구한다.

당장은 조직에서 소속감을 느끼고 있을 것이다. 내가 중요한 사람이고 내가 없으면 안 될 것 같은 착각을 하기도 한다. 그러나 막상 조직을 떠나보면 내 빈자리는 생각보다 빠르게 대체된다. 자신의 빈자리는 어느새 나보다 더 유능한 사람이 몫을 해내며 금방 잊힌다. 결국, 내가 돌아가야 할 곳은 조직이 아니라 자신과 가족임을 잊지 말자.

우리는 모든 사람의 이해를 받으려고 노력하지 않아도 된다. 동료들은 당신에게 관심이 많은 것 같지만 생각보다 관심이 없다. 그들에게 자신을 증명하기 위해 노력하지 않아도 괜찮다. 당신이 근무할 때 최선을 다하는 모습으로 성과를 내보였다면 그것으로 충분하다. 인정받기 위해 부단히 노력하지 마라. 너무 가까운 사이로 지낸다면 오히려 서로 상처 주고 관계가 멀어지는 경우가 더욱 많다. 당신과 동료들 간에 적절한 거리를 유지할 때 당신을 더 잘 이해할 수 있다. 타인의 좋은 평가를 받기 위해 노력하지 말고 당신에게 더욱 충실한 삶을 살아가라. 모두에게 좋은 사람이 될 수는 없다.

체력을 기르자

군인에게 가장 필요한 것은 바로 체력이다. 기본적인 체력이 뒷받침되어야 한다. 체력이 받쳐주지 않으면 정신력도 약해진다. 부사관이 되기 위해 대단한 수준의 체력이 요구되는 것은 아니다. 체력검정 기준표에 의거한 기초 체력 정도면 충분하다. 공부나 게임을 하는 데 시간을 많이 보내 기초체력이 약하다면 꾸준히 운동하며 체력을 키우도록 하자.

5장.

지금 당장
해군
부사관으로
입대하라

01

특별하고 멋진 직업을
갖고 싶다면

해군 생활 중 나 자신이 가장 멋있게 느껴지는 때는 언제일까? 누가 뭐래도 멋진 해군 정복을 입는 순간일 것이다. 기초군사교육단에서 고된 훈련을 마치고 임관식 날 첫 정복을 입을 때의 기쁨은 절대 잊을 수 없다. 임관식 날은 내가 가장 멋있는 날이다. 몸에 딱 맞는 정복을 입고 정모를 쓰면 다른 어떤 때보다 자신감이 올라간다. 평소 후줄근한 옷을 입고 출퇴근을 하더라도 정복을 입는 순간만큼은 내가 최고이다.

꿈 없는 평범한 고등학생이었던 나는 해군 정복을 입은 승조원들을 보고 해군에 대한 꿈을 키웠다. 정복을 입은 왕건함 승조원들이 너무 멋있어 보였다. 해군 정복은 단정함, 세련됨, 절도, 멋을 한꺼번에 가지고 있었다. 그 한순간의 모습에 마음을 빼앗긴 나는 해군에 입대했다. 그리고 가장 빛나는 20대의 시간을 바다에서 보내게 되었다. 3군을 통틀어 해군이 가장 많은 복장을 가지고 있으며 가장 멋진 유니폼을 입는다고 생각한다. 해군은 그만큼 상황에 따라 다양한 복장이 요구되기 때문이다. 외적인 디자인 또한 멋있기 때문에 어딜 가더라도 한눈에 이목을 끌곤 한다.

해군 제복은 해군의 대표적 상징이며 얼굴이라고 생각한다. 제복을 입을 때는 항상 깨끗한 용모로 복장을 착용해야만 한다. 군인으로서 복장에 맞는 단정한 자세를 갖추는 것이다. 제복을 입고 있으면 함부로 행동할 수 없다. 또 자신도 모르게 행동을 조심하게 되고 단정한 품위를 지키게 된다. 이것이 바로 제복이 가지고 있는 힘이다. 군부대뿐만 아니라 밖에서도 제복을 입고 있을 때는 행동을 조심하게 된다. 만약 제복을 입은 채 대민 물의, 부적절한 행동을 일으켰을 때는 해군의 명예를 실추시키는 것이다. 제복을 입은 군인은 국민 앞에 당당한 모습을 보여야 한다. 그런 자세를 가질 때 국민은 제복 입은 군인을 신뢰하게 될 것이다.

대한민국에서 대표적으로 제복을 입는 조직은 군인, 경찰(해양경찰), 소방공무원이 있다. 이 조직은 국가와 국민의 요구에 언제든지 응해야 한다. 국가와 국민을 위해 자신을 희생할 수 있는 마음가짐이 필요한 것이다. 큰 책임감이 요구되기 때문에 제복을 입기까지의 과정 또한 쉽지 않다. 그만큼 제복을 입는다는 것은 명예로운 일이라고 할 수 있다. 살면서 한번쯤은 멋진 제복을 입고 싶다면 국제신사, 해군으로 입대하라!

해군에는 해군에서만 할 수 있는 특별한 경험들이 많다. 바로 다양한 외국 경험 기회이다. 기본적으로 배를 타는 군이다 보니 부대의 유동성이 있고 외국 해군과 연합훈련 기회가 많다. 국제적인 연합훈련이 많다 보니 외국 해군 장병과 교류할 기회도 자연스레 많아진다. 평소 외국어 공부를 꾸준히 해왔다면 이는 너무나 좋은 기회이다. 이런 경험을 통해 국제적인 안목을 넓힐 수 있으며 이는 훗날 큰 재산이 된다.

아무나 할 수 없는 멋진 경험을 할 기회가 수시로 생긴다. 평소 관심이 있다면 자신의 견문을 넓힐 좋은 기회를 포착할 수 있다. 순항훈련, 해외 연합훈련, 해외파병, 국외위탁 교육 등의 기회는 가만히 앉아 기다리고 있는 사람에게는 오지 않는다. 적극적으로 원하고, 준비하고, 찾는 사람에게 주어진다.

인생을 살면서 언제 한번 배를 타고 세계 일주를 해볼 것인가? 내 비용을 들이지 않고 세계 문화를 탐방할 기회를 가질 수 있을까? 결코 쉽지 않은 일이다. 크루즈 여행이 많은 사람들의 로망으로 남아 있는 것만 봐도 쉬운 일이 아님을 알 수 있다. 해외파병 기회, 외국 군인들과의 교류 등을 비용을 들이지 않고 경험해 볼 수 있다.

같은 해군이라도 다른 곳과 다르게 유독 잠수함 승조원의 자부심이 큰 것은 무엇 때문일까? 가장 큰 것은 근무 환경에 대한 요소라고 생각한다. 지구에서 인간은 하늘, 땅, 바다를 개발하며 인류 문명을 발전시켰다. 바다 중에서도 수중은 아직 인간의 손길이 닿기 힘든 곳이다. 미지의 영역인 것이다. 인간이 정복하지 못한 환경에서 근무하는 것은 아무나 할 수 없는 일이다. 이처럼 어려운 환경에서 근무하는 것이 특별한 자부심을 형성한다.

또한, 승조원이 되기 위한 어려운 과정도 강한 자부심을 형성하는 데 한몫한다. 잠수함 승조원이 되기 위해서는 선발 과정부터 교육, 실무까지 여러 과정을 통과해야만 한다. 특수 신체검사를 통과해야 하고, 6개월에 달하는 기본 과정 교육을 수료해야 한다. 6개월간의 기본교육을 수료했다고 해서 잠수함 승조원이 되는 것은 아니다. 잠수함에 부임한 후 6개월 이내에 잠수함 승조 자격부여 제도인 SQS를 통과해야 진짜 잠수함 승조원이 된다. SQS를 통과하기 위해선 잠을 줄이고, 함 내 구석구석을 기어 다니며 공부해야 한다. 장기간의 노력과 경력이 요구되기 때문에 이를 통과하는 과정에서 자부심이 자연스레 생기게 된다. 같은 해군일지라도 잠수함 승조원들은 특별한 자부심을 가지게 되는 것이다.

나는 해군으로 복무한 경험이 내 마음속에 큰 자부심으로 남아 있다. 특히 잠수함 승조원으로 근무했던 자부심이 가장 크다. 음탐사로 이순신함에서만 3년 정도 근무했다. 전입 후 1년 근무 후에 중급반 교육에 입교했는데 교육을 마치고 이순신함에 다시 승조하게 되었다. 전역할 때도 이순신함에서 전역했다.

보통 전역예정자는 전역 준비를 하기 위해 육상근무를 희망하곤 한다. 나는 육상근무를 하지 않고 이순신함에서 군 생활을 마무리하고 싶었다. 잠수함 승조원으로 근무하면서 진짜 해군 생활이란 이런 것이라는 것을 경험했기 때문이다. 진급, 장기복무 선발, 결혼까지 인생에서 중요하고 기쁜 순간을 이순신함 승조원들과 함께 나누었다. 승조원들과 동고동락했던 시간이 너무나 소중했다. 이처럼 이순신함과 승조원들에 대한 나의 마음은 특별하다.

2020년 3월 16일, 함장님께서 전역자 행사를 마련해 주셨다. 그리고 전역사를 준비해서 발표할 기회도 만들어주셨다. 나는 지난 8년간의 시간을 돌아보며 떨리는 마음으로 승조원들 앞에서 전역사를 발표했다.

"먼저 이렇게 전역 행사를 마련해주신 함장님과 이순신함 승조원들께 감사드립니다. 저는 2017년 1월에 이순신함에 전입하여 2020년 3월인 지금까지 약 3년간 근무하였습니다. 잠수함 기본 과정 교육을 수료하고 SQS 과정을 거치면서 힘들고 고되지만 잠수함 승조원으로서의 자부심을 느끼며 근무해왔습니다.

잠수함 생활을 하면서 제대로 잘하는 것도 없고 부족한 점이 참 많은 저였습니다. 이런 저를 올바르게 설 수 있도록 이끌어주신 선후배님들이 있었기에 지금까지 잘해낼 수 있었습니다. 그리고 이렇게 해군 생활을 명예롭게 마무리하는 순간까지 오게 되었습니다.

지난 며칠 동안 저의 해군 생활과 이순신함에서의 생활을 돌아보는 시간을 가졌습니다. 지금까지 여러 함정과 부서에서 근무하며 많은 사람을 만났습니다. 약 8년간의 해군 생활 중에서 정말 저의 마음속 깊이 남아 있는 기억은 이순신함 승조원들과 보냈던 3년의 시간입니다. 함께 배를 타고 경비 임무를 나가고 밤낮으로 훈련을 하며 주어진 임무를 완수하였습니다. 그리고 102일 동안 지구 반대편에 있는 호주에서도 완벽하게 훈련을 마치고 무사히 돌아왔습니다.

이렇게 가족보다 더 오랜 시간 동안 한통속에서 한솥밥을 먹으며 동고동락했던 시간은 저에게는 소중한 경험과 추억들로 남았습니다. 그리고 그 순간들이 하나씩 쌓이면서 한 걸음 더 성장할 수 있는 밑거름이 되었습니다. 한 가족 한마음으로 살아가는 이순신함 승조원 중 한 사람이었다는 자부심을 느끼게 되었습니다. 이순신함에서의 좋은 경험과 추억들을 소중히 간직하겠습니다. 누구에게든지 나는 최정예 잠수함, 이순신함 승조원이었음을 자랑스럽게 이야기할 것입니다.

저는 이제 군복을 벗고 정들었던 해군을 떠나 사회로 나가게 됩니다. 사회생활을 하며 살아갈 때도 밤낮없이 대한민국 바다를 든든하게 지켜주는 이순신함 승조원들이 있음을 항상 기억하며 살아가겠습니다. 그리고 승조원들의 안전항해와 건강을 위해 잊지 않고 기도하겠습니다. 감사합니다."

특별하고 멋진 직업을 갖고 싶다면 해군 부사관으로 입대하라. 사회에서 접하기 어려운 특별한 경험을 할 수 있다. 돈 주고도 경험하지 못할 멋진 일들이 기다리고 있다. 진짜 사나이는 바다에서 만들어진다. 거친 파도를 이겨낼 때마다 당신은 한층 더 성장할 것이다.

대한민국의 최전방을 지키는 자부심을 느끼고 싶다면 해군 부사관으로 입대하라. 국가가 나에게 해준 것이 무엇이 있는지 몰랐던 나는 바다에서 모든 것을 깨달았다. 국가를 지키는 일에 직접 참여하면서 내가 대한민국 해군임을 자랑스럽게 여기게 되었다. 이처럼 자신만의 멋진 프라이드를 느끼고 싶은 당신, 무엇을 더 망설이는가?

생각만 하지 말고
몸으로 부딪쳐라

"여러 가능성을 먼저 타진해보라. 그런 후 모험을 하라."

– 헬무트 폰 몰트케

독일의 군인이자 근대적 참모제도의 창시자였던 헬무트 폰 몰트케의 말이다. 아무 계획 없이 일단 시작하는 것은 위험한 도전이다. 그렇다고 너무 계획만 세우다가 도전하지 않는 것도 아무런 도움이 되지 못한다. 여러분은 적절한 지점을 찾아서 선택해야 한다.

나는 아무 계획 없이 모험한 경우였다. 대략적인 밑그림만 그린 후 뛰어든 것이다. 나는 뼈아픈 일들을 경험하며 교훈을 얻어야만 했다. 많은 기회를 놓치기도 했다. 모든 일이 나에게 맞을 수 없고, 모든 일에서 성공을 거둘 수도 없다. 단지 여러 가능성을 따져보고 도전해 볼 뿐이다. 그러면 어떤 일이든 성공 혹은 실패의 결과를 얻게 된다.

나는 이기적인 선택을 했다. 한참 열심히 일하고 잘나가야 할 시기에 전역을 선택한 것이다. 10대 때부터 꿈꿔왔던 해외로 진출하고자 하는 마음을 더 감춰둘 수 없었다. 8년 동안 해군에서 복무하며 많은 것을 경험하고 혜택을 받았지만 나는 그것을 내려놓기로 했다.

결혼을 하고 29살에서 30살로 넘어가던 시점에 나는 그동안 억눌러왔던 꿈을 외면하지 못했다. 입대 전부터 꿈꿔왔던 외국으로 나가고자 하는 꿈. 그 꿈이 마음속에서 밀고 올라와서 참을 수가 없었다. 장기복무 선발도 됐고 스스로 그만두지 않는 한 정년은 보장된 상황이었다. 그런데 갑자기 이제라도 그만두고 나가야 하는게 아닌지 고민이 되기 시작하는 것이다. 나는 너무 당황스러웠다. 지금껏 열심히 달려왔는데 왜 이제야 이런 마음이 드는 것일까?

혼자 끙끙 앓던 중 내가 타고 있던 이순신함이 해외훈련을 가게 되었다는 소식을 들었다. 그것도 내가 그토록 가고 싶던 호주로 가는 것이었다. 호주를 경험해본 후 나는 외국으로 나갈지 말지 결정하기로 했다. 미리 경험해볼 좋은 기회를 얻은 것이다. 짧게나마 경험했던 호주 생활은 생각보다 만족스러웠다. 외국 생활에 대한 가능성을 따져보기에는 충분했다. 한국으로 돌아오며 나는 전역을 해야겠다고 확실하게 마음먹었다. 이기적인 선택이지만 더이상 내 마음을 외면하지 말고 솔직해져야겠다는 생각에 내린 결정이었다.

당시 나는 해군 생활에 부족함이 없었다. 경제, 가정, 경력에 있어서 자리 잡고 안정을 찾아가는 시기였다. 그런 중요한 시기에 안정보다는 도전을 선택했다. 부모님을 비롯하여 주변의 만류와 걱정이 있었다. 그렇지만 지금 마음의 소리에 귀를 기울이지 않고 타인의 눈치를 보다가 훗날 죽기 전에 이 순간을 두고 후회하고 싶지 않았다.

사람은 하고 싶은 일을 하고 살아야 한다. 어떤 일의 결과에 너무 집착하지 마라. 성공이든 실패든 상관없다. 중요한 것은 그 일에 도전해봤느냐이다. 나는 정주영 회장의 도전정신을 좋아한다. 그는 못해서 안 하는 것이 아니라 안 해서 못하는 것이라고 힘있게 말한다.

"이봐, 해보기나 했어?"

많은 청년이 진로 선택을 두고 고민한다. 직접 몸으로 겪어보는 것보다 생각을 많이 한다. 이 길을 가는 것이 나에게 맞는지 아닌지를 따져본다. 나는 '당신이 선택한 길이 정답이다.'라는 한마디로 정의하고 싶다. 고민 끝에 이 길을 선택했지만, 자신과 맞지 않아 실패라고 느낄 필요도 없다. 이 일을 경험함으로써 자기 자신에 대해 이해할 수 있었기 때문이다.

헬무트 폰 몰트케의 말처럼 만약 이 길을 경험해보고 싶다는 마음이 들었다면 여러 가능성을 타진해보라. 자신에게 맞는 길이라고 생각되면 멋지게 도전해보라. 자신에게 맞지 않는 길이라는 것을 깨달았다면 과감하게 내려놓고 다른 길을 찾아 나서라.

가장 나쁜 것은 고민만 하다가 지레 겁먹고 도전해보지도 않는 것이다. 원하는 마음이 있어도 이런저런 이유를 핑계로 도전하지 않는 것이다. 만약 하고 싶은 일이 있는데 지금 도전하지 않는다면 언제 도전할 것인가? 이 일뿐만 아니라 다른 일에도 도전하지 못할 이유를 찾게 될 텐데 말이다. 그럴 바에는 차라리 과감하게 도전하라. 먼저 경험한 사람을 찾아서 조언을 구하는 것이 실패를 줄이는 길이다.

당신은 당신의 인생을 살아야 한다. 다른 사람의 눈치를 보고 결정한다면 당신의 인생을 사는 것이 아니다. 누구도 당신보다 자신에 대해 잘 아는 사람은 없다. 자신을 믿고 용기 있게 나아가야 한다. 그것이 나다운 삶을 살아갈 수 있는 길이다. 이제 당신의 마음의 소리에 귀를 기울이고 결정을 내릴 때다.

해군 부사관에 관심을 가진 많은 청년이 불안한 마음을 가지고 있다. 이 길을 가는 것이 좋을지 안 좋을지 확신이 없다. 나 또한 그런 고민 가운데 있었기에 안타까운 마음이 많이 들었다. 10년 전이나 지금이나 별로 달라진 게 없다는 사실 때문이다. 그동안 수많은 해군 부사관 선배들이 있었음에도 각 분야를 경험한 선배들의 수기는 접하기 어려웠다. 부사관 커뮤니티에서 질문 글을 올리더라도 단적인 면에 대한 답변밖에 얻지 못했다. 검색과 질문글을 종합해봐도 이 길이 나에게 맞는지, 무엇을 어떻게 준비해야 하는지 결정하기 어렵다.

나는 해군 부사관 입대를 고민하는 청년들에게 도움을 주기 위해 이 책을 썼다. 입대 준비부터 전역할 때까지 겪었던 모든 일은 나에게 축복이었다. 부모님과의 갈등으로 머리 터지게 고민했던 일들조차 이제는 감사한 일이 되었다. 잦은 근무지 이동은 나에게 다양한 근무지를 경험할 좋은 기회가 되었다. 힘든 일, 좋은 일 모두 내가 성장하는 데 필요한 밑거름이 되었다.

성공과 실패에 상관없이 하고 싶은 일에도 마음껏 도전해보았다. 실패했을 당시에는 가슴이 쓰렸지만, 시간이 지나고 나니 실패가 아니었다. 또 다른 성공으로 가기 위한 과정일 뿐이었다. 시련은 나를 더 잘 이해하기 위한 과정이었다는 것을 깨달았다. 이 같은 경험으로 나는 도전과 성공, 실패에 대한 관점이 바뀌었다. 어떤 결과만을 바라보는 것이 아니라 나 자신을 알아가며 성장한다면 그것이 성공이라는 생각이 든다.

많은 이들이 입대하고 나서 힘들고 좌절하는 데는 이유가 있다. 해군이 어떤 곳이라는 것이 제대로 알려지지 않았기 때문이다. 베일에 싸인 채로 아무리 많은 후보생을 채용한다고 해도 인력 부족 문제는 쉽게 해결되지 않을 것이다. 좋은 점만 늘어놓고 홍보하는 시대는 끝났다. 들어가서 조금만 겪어보면 누구나 '내가 생각했던 건 이게 아닌데?'라는 생각을 하게 된다. 좋은 점만 보고 물건을 덥석 샀는데 조금만 써보면 불편한 점이 보이기 마련이다. 속았다는 생각이 든다면 이미 늦었다. 속은 것이 아니라 당신이 몰랐던 것이다. 임관한 이상 집으로 돌아갈 수도 없다. 주어진 의무를 모두 이행해야만 한다.

현명한 사람은 장점만 보고 물건을 구매하지 않는다. 장단점을 따져보고 자신에게 맞는지 맞지 않는지 확인해본 후 구매한다. 한번밖에 없는 소중한 인생인데 최소한 이 정도의 노력은 해야 하지 않을까?

나는 내 경험을 나누고자 이 책을 썼다. 내 경험이 누군가에게는 소중한 간접 경험이 되리라 생각했다. 누군가는 자신에게 해군 부사관이 적합하지 않음을 깨달을 것이다. 누군가는 용기를 내서 도전해볼 만한 열정이 깨어날 것이다. 또 누군가는 힘들어서 죽을 것만 같은 군 생활에 위로가 될 것이다.

해군에 갈지 말지 고민된다면 나에게 연락하라. 진로에 대해 고민하는 사람에게는 아낌없는 조언을 해줄 것이다. 그것만큼 나에게 큰 기쁨이 되는 일은 없다. 나의 경험을 발판 삼아 멋진 해군 생활을 꿈꾸고 설계하라. 이제 생각만 하지 말고 몸으로 부딪쳐야 할 때다.

메모하는 습관을 들이자

해군 생활은 굉장히 바쁘다. 업무가 많고 각종 상황에 따라 한 사람이 맡는 역할이 많아서 멀티플레이어가 되어야 한다. 메모하는 습관은 멀티플레이어가 되는 데 많은 도움을 준다. 매일 수첩에 오늘 해야 할 일, 완료한 일, 나의 생각 등을 기록하는 습관을 미리 들인다면 빠르게 적응할 수 있다.

군대에서의 시간은
내가 하기 나름이다

내가 지금껏 보았던 군인 중 군대 자기 계발의 FM이자 진정한 롤 모델인 J 상사님을 소개하고자 한다. J상사님은 평소 끊임없는 자기 계발로 독서, 운동, 자격증 공부를 성실히 했다. 항해 중에도 항상 아침, 점심, 저녁 따로 시간을 내서 웨이트 트레이닝을 하며 멋진 몸을 유지했다. 운동 후에는 독서 혹은 자격증 공부를 했다. 부대에서 시행하는 각종 평가에도 적극적으로 임했다. 부사관 능력평가에서 최우수 성적을 받아 해군 최우수 부사관으로 선발된 명예로운 경력도 있었다.

그는 항해 중 쉬는 시간이 되면 그날 독서했던 내용을 주제로 이야기를 해줬다. 역사에 관심이 많았던 그는 역사책을 보며 우리가 잘 몰랐던 역사에 관해 이야기를 했다. 흔히 알고 있는 역사에 관한 내용 중 잘못 알고 있는 것들,

숨겨진 이야기들을 재밌게 풀어줬다. 그 이야기들이 하루, 이틀, 1주일 이상 계속 이어지다 보니 나도 자극을 받았다.

당시 내가 읽고 있던 세계사 책에 관한 내용을 나누며 독서 토론 시간은 더욱 풍성해졌다. 어떤 이야기를 나눌지 생각하며 입력만 하는 독서가 아니라 출력을 하는 독서로 독서의 질이 굉장히 높아졌다. 또 여유가 있을 때는 항상 운동, 독서와 공부를 했다.

그를 보며 나는 비는 시간을 허투루 쓰지 않겠다고 다짐했다. 자신을 위해 열심히 하는 자기 계발이 다른 사람에게도 선한 영향력을 미쳤다. 말로만 후배를 가르치는 선배가 아니라 그를 보는 후배들이 자연스럽게 배우게 되는 이상적인 선배의 모습이었다.

군대에서 할 수 있는 최고의 자기 계발은 독서라고 생각한다. 마음만 먹으면 세상의 거의 모든 분야에 관한 공부를 할 수 있다. 정치, 사회, 문화, 철학, 인문학, 건강, 자기 계발 등 각 분야의 전문가들이 자신의 지식과 노하우를 집대성한 것이 책이기 때문이다.

꾸준히 독서를 하면 사람의 의식이 달라진다. 전 세계의 성공한 경영인들이 쓴 책을 통해 그들의 지혜를 내 것으로 만들 수 있다. 평소 고민거리에 관한 책을 읽으며 고민을 해결할 수도 있다. 전문가 혹은 성공자들의 책을 읽으며 질 높은 간접 경험을 할 수 있다. 독서는 공직자의 신분으로 사회의 많은 부분에 직접 참여하지 못하는 부분을 훌륭하게 채워준다.

나는 수영을 좋아한다. 해군에 오기 위해 수영을 배웠는데 해군에 입대한 후로 수영을 더욱 즐기게 되었다. 수영 덕분에 물에서 하는 훈련도 즐기면서 할 수 있었다. 또 다양한 근무지에서 수영과 관련해서 동료들과 운동하거나 수영 강습을 해주기도 했다. 잠수함 기본 과정과 중급반 교육을 받을 때 선후배들과 진해 부대 내에 있는 충무수영장에 자주 가곤 했다. 교육을 받을 때는 비상소집을 하는 경우가 없으므로 퇴근 후 자유시간이 어느 정도 보장된다. 선후배, 동기들과 시간 날 때마다 수영장에 가서 수영을 했다.

수영을 하는 데는 각자 다양한 목적이 있었다. 수영 훈련을 앞두고 기본 영법을 준비하고 싶은 사람, 다이어트를 하고 싶은 사람, 수영할 줄 몰라 새로 배우고 싶은 사람 등이다. 해군에 입대하기 전에 배워놓은 수영을 유용하게 활용할 수 있었다. 영법을 모르는 사람들에게 기본 영법을 가르쳐주었다. 또 기존에 수영을 배웠지만, 자세가 불안정한 경우 교정을 해주기도 했다. 훗날 그때 나에게 수영을 배웠던 선배가 전역 후 해양경찰 시험 준비를 하는 데 도움이 많이 됐다고 할 때 큰 보람을 느끼기도 했다.

함정 생활을 하면서도 수영을 좋아하는 선후배와 종종 수영장을 가곤 했다. 철인 3종 경기에 주기적으로 참가하는 선배와 해양경찰을 준비하는 후배였다. 출동을 다녀오는 중에 후배가 문득 수상 인명구조 요원 준비해볼 생각 있냐고 물어보았다. 마침 나도 관심 있었는데 혼자 시작하기엔 망설여지던 참이어서 바로 같이하자고 했다. 공통적인 관심사가 있다 보니 함께 수상 인명구조 요원 자격증을 준비하게 됐다. 이처럼 마음 맞는 동료들과 준비한다면 자기 계발은 물론이고 친목 도모와 스트레스 해소도 되니 더 좋다. 생활에 자극과 활력을 주기 때문에 수시로 찾아오는 매너리즘을 극복하는 데도 도움이 된다.

군에서는 매년 국가기술자격검정을 시행하는데 이때 군에서 시험에 응시하면 수험료 감액 등의 혜택도 주어진다. 토익 등의 외국어 시험도 저렴한 비용으로 볼 수 있다. 관심을 두면 유용하게 활용할 수 있고 관심이 없으면 매년 기회는 흘러가고 만다. 이런 기회에 항상 관심을 두고 자신의 능력을 업그레이드시키는 데 적극적으로 활용하자. 단, 반드시 지켜야 할 중요한 점이 한가지 있다. 자신이 맡은 군인 본연의 임무를 먼저 충실히 수행한 후에 모든 자기 계발을 해야 한다는 점을 명심하라.

군에서도 자기 계발을 하는 사람과 하지 않는 사람이 있다. 매년 자격증 취득, 외국어 공부를 놓지 않는 사람은 끊임없는 자기 계발로 다양한 기회를 창출한다. 보직 또한 자기 계발 여부에 따라 선택지가 넓어질 수 있다.

군 생활 중 자기 계발의 모범이 되었던 K준위님을 사례로 들고자 한다. 내가 선택했던 직별은 육상근무 편제가 많이 없는 편이었다. 그는 직별장으로 근무하며 항해 중에도 소프트웨어 관련 공부를 지속했다. 얼마 지나지 않아 함정 근무를 마치고 나서 육상보직으로 이동을 했다. 소프트웨어 관련 프로그램도 능숙하게 다룰 줄 알았던 그는 장비 체계 소프트웨어 관련 육상보직으로 인사이동을 하게 되었다.

K준위님을 보며 자기 계발을 해서 내 능력과 가치를 스스로 만들고 높여 나가야 한다는 것을 깨달았다. 직별에 육상 자리가 적다고 불평할 시간이 없다는 생각이 들었다. 불평할 시간에 공부해서 내가 자리를 만들어가야 한다는 것을 느꼈다.

바쁜 일상을 보내면서 휴식 시간을 가져야겠다는 생각을 해본 적이 있는가? 나는 해군 생활을 하면서 휴식의 중요성을 너무나 많이 느꼈다. 군인이라는 직업 특성상 대기 태세 유지, 교대근무, 항해 시 야간 당직 근무 등으로 인해 규칙적인 생활이 불가능했다. 퇴근 후나 주말에도 비상소집에 대비해야 하므로 항상 긴장을 늦출 수 없었다. 근무 환경과 업무에서 오는 각종 스트레스가 자연스레 몸에 쌓였다. 위염, 장염 등의 증상이 수시로 찾아왔다.

수년간 지속하다 보니 이것은 몸의 문제일 뿐만 아니라 마음의 문제라는 것을 알게 되었다. 힘들 때 참는 것이 능사가 아니었다. 쌓이면 쌓일수록 몸과 마음에 병이 생겼다. 스트레스를 제때 풀어주지 않으면 병이 생기게 된다. 나는 예민한 성격 때문에 많은 스트레스를 안고 지내는 타입이었다. 두통과 위염, 장염을 달고 지냈다. 심할 때는 정박 당직 근무 중에 장염 증상이 심하게 와서 새벽 3시에 응급실에 가기도 했다. 스트레스가 주된 원인이었다.

여러 가지 스트레스 해소 방법 중 나는 주기적으로 자연 속에서 보내는 휴식 방법이 나에게 잘 맞았다. 나는 잠수함 승조원으로 생활하면서 감사한 것이 많이 생겼다. 세상의 모든 것에 감사하는 마음이 생겼다고 보면 된다. 공기의 소중함, 햇빛의 소중함, 물의 소중함 등등 내가 누리는 모든 것이 소중하게 느껴졌다. 나는 출동을 마치고 돌아오면 자연으로 가고 싶어졌다. 바다는 별로 가고 싶지 않았다. 바다에서 실컷 고생하고 멀미하면서 집으로 돌아왔는데 다시 보고 싶지는 않았다. 대신 공원이나, 숲, 산으로 자주 가곤 했다.

항상 기계장비 속에서 생활하다 보니 마음이 경직되는 것이 느껴졌다. 기계가 발산하는 딱딱한 느낌, 소음, 날카로움, 진동 등의 기계적인 느낌들이 내 안에 가득했다. 지친 마음과 영혼에는 자연이 주는 휴식이 나에게 잘 맞았다. 산속에서 들리는 새소리가 좋아졌다. 계곡물 흐르는 소리, 바람에 나무들이 흔들리는 소리를 온몸으로 만끽하며 즐기게 됐다. 오랜 군 생활을 마친 선배 부사관들이 왜 퇴직하면 물 좋고 공기 좋은 곳으로 가기 원하는지 이해가 되었다.

해군 생활은 굉장히 바쁘다. 해군뿐만 아니라 모든 군인은 개인의 자유시간보다 국가에 헌신해야 하는 시간이 절대적으로 많다. 따라서 일과가 끝나면 쉬고 싶은 마음이 굴뚝같이 밀려오곤 한다. 어느 정도의 휴식을 취한 후에는 반드시 자신을 위한 시간을 마련하자. 여유 시간이 생길 때 이 시간을 가치 있는 곳에 사용하자. 군 생활이 바쁘고 힘들어도 내 마음가짐에 따라 얼마든지 시간을 확보할 수 있다. 지금 하지 않으면 나중에도 하지 않는다. 군대에서의 시간을 자기 계발 시간으로 적극적으로 활용하자. 더욱 나은 미래를 준비하는 가치 있는 시간으로 만들자.

미국의 기업가인 팀 페리스는 이렇게 말했다.

"지금 하지 않으면 언제 하겠는가?"

04

급여가 주는 안정감에
만족하지 마라

"파이프라인 하나를 구축하는 것은 월급봉투 천 개를 받는 것과 같다!"

– 버크 헤지스, 『파이프라인 우화』

전역하고 가장 아쉬웠던 점이 한 가지 있다. 바로 '투자'를 하지 않은 것이다. 내가 했던 재테크는 저축이 전부였다. 군인공제회와 적금 외에는 돈을 굴릴 줄을 몰랐다. 오직 모으기만 하고 자본이 일하는 자본소득을 만드는 시스템을 만들지 못했다. 전역하고 나서야 돈에 대해 눈을 뜨게 되었다. 투자의 세계를 알고 난 후 내가 수많은 투자 기회를 놓쳤다는 생각에 너무 아쉬운 마음이 들었다. 만약 내가 갓 입대했던 22살로 다시 돌아간다면 어떤 재테크를 할지 크게 2가지를 생각해보았다.

첫째, 우량 주식 위주로 꾸준히 주식 투자를 할 것이다. 최근 코로나 19로 인해 주식 투자가 굉장히 주목을 받고 있다. 학생들도 주식에 관한 관심을 가질 만큼 코로나 시대에 주식 투자는 선택이 아닌 필수가 되었다. 내가 만약 22살의 시절로 돌아간다고 하면 적금으로 종잣돈을 모으는 일은 하지 않을 것이다. 같은 금액으로 저축과 투자를 했을 경우를 비교해보자. 지금 당장 계산기만 두드려 보더라도 그 차이를 금방 깨달을 수 있다.

매월 75만 원씩 7년 동안 모은 적금은 6,300만 원의 원금에 4백만 원가량의 이자가 생겼다. 군 생활 내내 빠짐없이 성실하게 저축을 한 결과이다. '6,700만 원도 큰돈 아닌가?'라고 생각할 것이다. 맞다 6,700만 원은 큰돈이다. 이번에는 같은 금액으로 투자를 했을 경우를 살펴보자. 매월 75만 원을 저축하지 않고 삼성전자 주식을 꾸준히 매수했다고 가정해보자. 2012년 당시 주당 약 1만 5천 원이었던 삼성전자 주식은 2021년 2월 기준 주당 약 8만 5천 원이 되었다. 매월 75만 원씩 삼성전자 주식을 7년 동안 모았다면 약 2억 3천만 원으로 약 4배에 달하는 차이가 난다. 현 시점에서는 분기당 약 95만 원의 배당금도 챙기며 복리 효과를 이용한 재투자를 할 수도 있다. 7년 동안 묵혀둔 적금이자만큼의 금액을 1년의 배당금만으로도 충분히 수익을 거둘 수 있다. 이는 삼성전자뿐만 아니라 다른 우량 주식의 실적을 비교해봐도 그 차이를 단번에 알 수 있다.

둘째, 배당주에 투자해 배당금 파이프라인을 구축할 것이다. 미국 주식은 배당금을 지급하는 주식이 많다. 배당주도 다양하게 있는데 그중에서도 배당금이 꾸준하게 인상되는 주식이 좋다. 금융 위기가 오더라도 배당금을 줄이지 않는 기업들을 관심을 가지고 공부해보자.

배당이 나오는 우량 주식이라면 주식을 사서 팔 생각을 하지 말아야 한다. 장기적으로 우상향하는 주식은 꾸준히 매수하면서 팔지 않는다는 생각을 가지는 것이 좋다. 그런 주식의 주가가 올랐다고 기뻐하며 파는 것은 황금알을 낳는 거위의 배를 가르는 것과 같다. 즉, 망하지 않을 1등 기업에 투자하라는 것이다.

미국에는 25년 연속으로 배당금을 올려온 기업들이 있다. 일명 '배당 챔피언'이라고 불리는 주식이다. 주가는 항상 오르내리기 마련이지만 좋은 기업들은 주가의 변동과 상관없이 꾸준히 배당한다. 주가 폭락이 왔다면 더욱 적극적으로 배당주를 매수할 수 있다. 좋은 배당주는 주가 회복력도 빠르기에 경제위기는 오히려 좋은 기회가 되곤 한다. 이렇게 우량 주식에 투자한다면 장기적으로는 주가 상승과 동시에 배당금도 알뜰하게 챙길 수 있다.

배당주는 하루라도 빨리 사서 오랫동안 보유하는 것이 좋다. 미국 주식 투자는 달러로 하는 것이기 때문에 우리나라 화폐인 원화보다 안전한 안전자산으로서의 가치도 지닌다. 목돈 모아 투자하지 말고 관심을 가지고 꾸준히 적립식으로 투자한다면 좋은 파이프라인으로 성장할 것이다.

입대 전에 생각했던 것과 입대 후에 느끼는 부사관의 처우는 생각보다 온도 차가 크다. 특히 입대한 지 얼마 되지 않은 하사 계층의 처우 개선 문제는 시급하다. 독신자 숙소의 자리가 부족하여 오래된 독신자 숙소에 임시로 머물거나 동기의 숙소에서 함께 지내는 경우가 많다. 소속부대에서도 가장 일이 많고 힘든 위치에 있는 계층이기도 하다. 또한, 장기복무 선발 이전에는 신분의 보장도 받지 못하고 전역에 대한 불안감을 떨치지 못한다. 장기복무 선발이 되지 않으면 전역을 할 수밖에 없기 때문이다. 장기복무를 바라보며 스펙을 쌓았는데 그 스펙을 사회에서 활용하기는 쉽지 않다. 20대 중·후반 애매한 시기에 별다른 준비 없이 사회로 내던져지는 것이다.

많은 청년이 국가에서 제공하는 혜택을 바라보고 입대를 결정한다. 해군의 부사관 인력 채용 대비 장기복무 선발 비율은 평균 30%를 밑돌고 있는 수준이다. 나머지 70%의 자원은 단기 및 7년 이내의 의무복무 후 전역을 할 수밖에 없다. 직업군인의 혜택은 대부분 장기복무 선발 이후에 누릴 수 있다. 또한 관사, 연금 등의 혜택을 실질적으로 누릴 수 있는 시기도 10~20년이 지난 후 가능하다.

군 복무를 하는 동안에도 자신의 꿈과 목표, 생각은 계속 변하기 마련이다. 장기복무 선발이 되더라도 모든 사람이 근속연수를 채우는 것은 아니다. 기업에서도 30년 이상 근속하는 사람은 적은 것처럼 군도 마찬가지다. 군의 경직된 문화, 위계질서 등의 요소에 힘들어한다면 사회로 나가고 싶은 마음이 들기도 한다. 55세 정년퇴직할 때까지 복무한다는 보장이 없는 만큼 시작과 동시에 미래를 준비해야 한다.

해군 부사관은 매력적인 직업임이 분명하다. 그러나 장점이 있는 만큼 단점 또한 있게 마련이다. 그렇다고 단점이 많이 보인다고 해서 지레 겁먹고 포기하지는 말자. 이런 점도 있다는 것을 염두에 두고 미리 준비한다면 충분히 보완할 수 있다. 따라서 자신에 대해 충분히 고민하고, 조사하고, 조언을 구한 후에 입대를 결정하는 것이 바람직하다.

공무원은 흔히 안정적인 직업이라고 알려져 있다. 꼬박꼬박 급여가 나오면서 20년 이상 근속을 하면 연금도 받을 수 있기 때문이다. 하지만 안정성만 믿고 현역으로 근무할 때 연금 이외의 파이프라인을 만들어두지 않으면 안 된다. 많은 직업군인이 절박하지 않은 이유는 현역으로 있을 때 급여가 충분히 나온다고 생각하기 때문이다. 그리고 전역과 동시에 퇴직금과 연금을 받는다. 연금으로 평생 안정을 누리는 시대는 지났다. 퇴직 후 받을 수 있는 금액은 계속해서 줄어들고 있다. 그렇다고 모든 군인이 30년 이상 근속을 한다는 보장도 없다. 퇴직 후에는 똑같이 자본주의 사회를 살아가야만 한다.

많은 직업군인이 퇴직 후에는 연금을 받으며 편안하게 살 것을 기대한다. 그러나 받는 연금 금액은 생각보다 많지 않다. 최저 생계비를 겨우 웃도는 정도의 금액이다. 퇴직 후에는 평생 갈고닦은 기술보다는 단순노동직으로 재취업하는 경우가 많다. 퇴직 후에도 재취업을 통해 노동의 굴레에서 벗어나지 못하는 것이다. 퇴직 후에 안락한 생활을 기대하며 20년 이상을 버텼지만, 여전히 일해야만 하는 현실과 기대의 괴리를 느끼곤 한다.

그러므로 하루라도 빨리 퇴직 후의 미래를 준비해야 한다. 우리는 30년간 쓸 수 있는 급여라는 파이프라인을 이용해야 한다. 그 파이프라인으로 퇴직 후에도 끊임없이 돈이 흐를 수 있는 파이프라인을 구축해야 한다.

30년 이상 매월 꼬박꼬박 들어오는 급여는 엄청난 파이프라인이다. 스스로 그만두지 않는 한 퇴직할 때까지 파이프라인은 유지된다. 이 파이프라인을 어떻게 통제하고 개발하느냐에 따라 퇴직 후 희비가 갈린다. 일정한 수입이 생긴다는 것은 미래 예측이 가능하다는 말이다. 이것은 굉장한 장점이다. 이를 활용하지 않고 수입이 생기는 대로 써버린다면 퇴직 후를 계획하기 힘들게 된다. 돈에 대한 통제력이 있다면 돈을 허투루 쓰지 말자. 수입이 생길 때마다 일정 비율의 금액을 파이프라인으로 만드는 데 투자하자. 배당을 주는 우량 주식을 산다면 장기적인 관점에서 좋은 파이프라인이 된다. 안정적으로 오르는 주가 상승과 배당금으로 현금 흐름을 만들어낼 수 있다.

저축이 좋은 재테크였던 시절은 부모님 세대에 일찌감치 끝났다. 제로금리 시대는 이미 우리 곁에 다가왔다. 저축은 인플레이션으로 인해 시간이 지날수록 돈을 까먹는 시스템이다. 매월 적은 금액이라도 투자에 활용하라. 투자하지 않고 소비하거나 저축해놓은 돈은 생명력 없이 죽은 돈과 다름없다. 저축으로는 결코 부자가 될 수 없다는 사실을 빨리 깨닫고 하루라도 빨리 투자를 시작하라.

이제 국가가 보장해주는 혜택을 기대하거나 의존하지 말자. 지금도 군인연금 개혁에 대한 논의는 계속 이루어지고 있다. 정책은 언제든지 바뀔 수 있다는 것이다. 나는 이제 군에 입대하는 청년들에게 '각자도생'의 자세가 필요하다고 강조한다. 주는 것만 받는 수동적인 자세로는 앞으로 살아남기 힘들다. 경제, 주거와 관련해서는 개인의 준비가 더욱 철저해야 한다. 매월 입금되는 급여가 주는 안정감에 만족하는 순간 언제 다가올지 모르는 은퇴 후의 장래는 어두워질 것이다. 젊을 때부터 스스로 생각하고 배우면서 준비해야 한다. 그 준비는 빠르면 빠를수록 좋다.

독서하는 습관을 기르자

해군은 배를 타고 바다에 나가기 때문에 사회와 단절되는 시간이 많다. 인터넷과 전화도 되지 않는 환경이다. 이 같은 환경적인 요소로 인한 단절을 독서로 채울 수 있다. 시간을 쪼개 독서하는 습관을 들이면 군대에서 시간을 낭비하지 않고 자기 계발에 효율적으로 활용할 수 있다. 그리고 사고가 경직되지 않아 보다 멋진 미래를 준비하는 데 도움이 된다.

내 인생을 바꾼
해군 부사관

해군 생활을 하면서 나는 가족의 소중함을 깨달았다. 이는 군 복무를 경험한 사람이라면 누구나 느끼는 점일 것이다. 입대 전에 가족들과 집에서 매일 얼굴 보며 살 때는 서로 마음에 들지 않아 불만을 품곤 했다. 하루빨리 집에서 나가야겠다는 생각밖에 없었다. 하루빨리 독립해서 눈치 보지 않고 살고 싶었다.

그런데 막상 진짜로 독립하게 되니 가족 생각이 많이 났다. 고달픈 바다 생활 속에서 내 마음의 진정한 안식처는 가족의 품이었다. 주변에 100명이 넘는 사람들이 항상 있어도 결국 나는 가족들에게 속한 사람인 것이다. 문득 그런 생각이 들 때면 나는 해군에 오길 잘했다는 생각이 들었다. 편지도 닿지 않고 전화도 닿지 않는 곳에서 그리움밖에 느껴지지 않는 곳에서…. 자기밖에 모르고 이기적이었던 나는 가족의 의미를 깨닫게 되었다.

이런 경험을 통해 가족과의 적절한 거리를 찾게 되었다. 너무 가깝지도, 너무 멀지도 않고 적절한 거리를 두게 된 것이다. 가족의 품을 떠나 철저히 혼자의 시간을 보낸 후에야 비로소 알게 된 소중한 가치이다.

2019년 9월, 내가 승조했던 이순신함은 호주로 해외훈련을 가게 되었다. 당시 결혼한 지 1년도 되지 않아 한참 즐기고 싶었던 신혼이었다. 신혼여행에서 귀국한 다음 날 곧바로 출동을 나간 이후로 휴가 한번 제대로 가지 못했었다. 훈련이니 당직이니 하면서 주말 한번 제대로 쉬지 못했다. 그런데 100일이 넘는 훈련을 가야 한다니 과연 그 시간을 견뎌낼 수 있을까 하는 두려움이 생겼다.

'혹시 훈련을 가지 않을 방법이 없을까?' 하는 생각도 들었다. 여러 궁리를 하다가 결국 나에게 주어진 일이니 받아들이기로 마음먹었다. 2019년 9월, 102일간의 기나긴 여정이 시작됐다. 3개월이 넘는 시간 동안 집을 떠나야 한다는 것은 생각보다 힘들었다. 평소 출동 다녀오는 기간은 아무것도 아니었다. 102일은 기약 없는 시간처럼 느껴졌다.

물속에서 가족에 대한 그리움은 더욱 커졌다. 전화도 할 수 없고 사진으로밖에 가족을 볼 수 없었다. 가장 슬펐던 것은 떨어져 있는 기간이 길어질수록 가족에 대해 무뎌진다는 것이었다. 그리움은 점점 커지는데 아내의 목소리, 느낌 등이 점점 기억이 나지 않았다. 아내도 같은 감정을 느꼈다는 말을 듣고 나는 더욱 슬퍼졌다. 지금껏 느꼈던 그리움과는 완전히 차원이 달랐다.

태어나서 처음 밟아보는 호주 땅은 정말 멋있었다. 광활한 땅과 자연환경이 너무 아름다웠다. 캥거루와 왈라비들이 길에서 흔히 볼 수 있는 동물이라는 것이 믿어지지 않았다. 멋진 관광지를 둘러볼 때마다 나는 가슴 한쪽에 아쉬움이 남았다. '가족과 함께 오면 얼마나 좋을까?' 동료들과 함께 즐기는 것도 좋았지만 가족에 대한 마음만큼은 미치지 못했다.

나는 해군이었기 때문에 지금의 사랑하는 아내를 만나게 되었다. 아내의 가족은 해군 부사관 가족이었다. 장인어른은 해군 원사이고 처남은 나와 함께 교육받은 잠수함 동기이다. 결혼 전부터 알고 있던 지인들이 가족이 된다는 것은 또 다른 기쁨이었다. 인연이 이렇게도 이어질 수 있다는 것에 감사했다. 만약 내가 해군 부사관이 아니었다면 지금의 가족을 만날 수 있었을까? 아마 그렇지 않았을 것 같다. 해군은 나의 인생에서 가장 소중한 가족을 선물해주었다.

결혼 전에는 군인들이 결혼할 때 동료들이 예도를 해주는 모습이 너무 멋있게 느껴졌다. 20대 초반부터 나도 언젠가는 예도를 하면서 결혼할 수 있을까 하는 막연한 꿈이 있었다. 그 꿈은 나에게 생생한 현실로 다가왔다. 근무하고 있던 이순신함 선후배들이 결혼식 예도를 해준 것이다. 동료들은 새하얀 정복을 입은 멋진 예도단을 준비해줬다. 과연 명성이 자자한 해군 예도단의 관문은 쉽게 열리지 않았다. 심술궂은 기합 덕분에 체력 단련을 제대로 했다. 덕분에 하객들도 지루하지 않고 마음껏 결혼식을 재미있게 즐길 수 있었다. 수많은 결혼식이 이루어지는 결혼식장에서 잊지 못할 특별한 추억을 선물해준 선후배들에게 감사한다.

나는 도전하는 삶을 살아가고 싶다. 해군에 입대한 것도 도전정신이 있었기 때문이었다. 3군 중에서도 힘들기로 소문난 해군에 아무나 도전할 수 있을까? 아마 쉽지 않을 것이다. 그러나 해군의 멋과 가치는 나의 마음에 도전이라는 불을 지펴주었다. 해군에 첫발을 디딜 때부터 지금까지 나는 끝없는 도전 속에 있었다. 실패할수록 그 도전은 내 인생에 중요한 가치를 일깨워주었다. 해군사관학교에 입학하지 못한 실패는 나에게 더욱 적합한 직업을 찾을 수 있는 길을 제시해주었다. 당시의 마음은 너무나 쓰라리고 아팠지만 결국에는 나에게 도움이 된 것이다.

UDT 훈련 실패도 나에게 큰 교훈을 남겨주었다. UDT 훈련을 통해 나는 작은 것에도 감사하는 마음을 가지게 되었다. 물 한 모금, 밥 한 숟가락을 입에 넣으며 눈물을 흘려보는 일을 살면서 언제 다시 느껴볼 수 있을까? 수영장 물조차 생명수처럼 느껴졌던 혹독한 훈련은 일상의 모든 것이 감사한 것이라는 것을 가르쳐주었다. 나의 진짜 한계에 도달한다는 것이 어떤 느낌인지도 알게 해주었다.

또한 '불가능은 없다'라는 신조로 한계를 모르는 진짜 사나이들의 모습을 볼 수 있었다. UDT 훈련을 수료하지 못한 것은 아직도 나에게 쓰라린 아쉬움으로 남아 있다. 너무나 간절했던 꿈이었고 내가 해군 부사관이 되고자 했던 이유였다. 그 때문에 아직 마음에서 완전히 떠나보내지 못한 것 같다. 잊힐 만하면 한번씩 꿈을 꾸곤 한다. 시간이 지나면 괜찮아질 것으로 생각했지만 7년 전과 지금까지 크게 달라진 것은 없는 것 같다.

나는 부상으로 인해 아쉽게 퇴교하고 말았다. UDT 훈련 실패는 내 의지만으로 극복할 수 없는 것은 겸허히 받아들이는 자세를 가르쳐주었다. 특수전전단에서 배운 극기와 인내는 이후의 군 생활을 견뎌내는 데 정말 든든한 버팀목이 되었다.

이후 나는 잠수함 승조원이 되기 위한 도전을 했다. 사실 잠수함 승조원이 되고자 했던 이유는 한 지역에 정착하고 싶었기 때문이었다. 퇴교, 예기치 못한 발령, 함정의 퇴역 등 내 의지를 벗어난 인사이동으로 나는 지쳤었다. 군 복무 이외의 생활을 생각해볼 여유가 없었다. 한 지역에 1년 이상 머물러본 적이 없이 20대 중반까지 떠돌이 생활을 지속한 것이다.

잠수함사령부는 진해에만 있으므로 나에게 큰 메리트로 다가왔다. 더 이상 지역을 돌아다니지 않아도 되었기 때문이다. 해군들의 제2의 고향, 진해에서 나는 새로운 출발을 했다. 잠수함사령부의 신조인 '꿈, 도전, 창조'는 내가 추구하고자 하는 가치관이 되었다. 잠수함이 없던 시절 해군 선배들은 무에서 유를 창조하는 도전을 했다. 독일에 가서 잠수함을 인수해온 것이다.

우리 해군은 아무것도 준비된 것이 없는 상황에서 잠수함 획득 사업을 해야만 했다. 승조원 교육, 잠수함 건조, 정비 기술 등의 요소들을 처음부터 준비했다. 인수 요원들이 독일의 HDW사에 가서 대한민국 1호 209급 잠수함인 '장보고함'을 인수해왔다. 이후 2번 함부터 9번 함까지 장보고급 9척, 손원일급 9척, 국내 기술로 3000톤급 '도산 안창호함'까지 건조했다. 잠수함을 도입한 지 30년 만에 이런 엄청난 일이 일어난 것이다. 비록 잠수함사령부에 온 이유는 현실적인 이유였지만 이런 부대의 역사와 전통은 나의 가치관에 큰 영향을 미쳤다. 나는 지금도 도전정신을 가지고 또 다른 도전을 앞두고 있다.

해군 부사관으로 입대하면 수없이 많은 난관을 경험하게 된다. 그 난관들은 부정적인 것이 아니라 긍정적인 것이다. 어느 곳에 있든 내 마음가짐에 따라 그곳이 천국이 될 수도 있고 지옥이 될 수도 있다. 당시에는 힘들 수도 있지만 어떤 경험이든 내가 성장하는 밑거름이 된다. 지금 현실이 불안하고 막막하게 느껴지는가? 이는 도전하지 않는 삶을 살고 있기 때문이다. 성공보다 실패가 두려워 선뜻 행동하지 못하는 것이다. 도전하지 않는 사람은 발전할 수 없다. 어떤 길을 걸어가야 하는지 당신은 이미 답을 알고 있다. 이제 핑계를 찾지 말고 행동할 방법을 찾아라. 꿈을 꾸고 도전해서 당신만의 멋진 미래를 창조하라!

해군은 나를 성장시킨
가장 좋은 학교였다

나는 잠수함 생활을 하면서 공동체 의식을 체득했다. 잠수함은 생활 공간이 수상함과 비교할 수 없을 정도로 협소하다. 누군가가 통로에서 작업하고 있으면 한 사람이 지나가기도 어려운 공간이다. 열악한 근무 환경 속에서 개인 생활은 생각도 하기 어렵다. 함 내에서 유일한 개인 공간은 자신이 잠을 자는 침대뿐이다. 침대조차도 다른 승조원과 공유하며 당직 직수에 따라 침대를 이동하며 잠을 잔다. 개인의 사생활이 완전히 노출되는 것이다. 내가 하는 일을 다른 승조원이 보고, 마찬가지로 다른 승조원이 하는 일을 내가 보게 된다.

이런 환경에서는 말 한마디도 조심스러워진다. 사소한 말과 행동조차 다른 승조원에게 영향을 미칠 수 있어 항상 다른 사람을 배려해야 한다. 40명이 2

개의 화장실을 나눠 쓰기 때문에 화장실 사용시간도 빠듯하다. 내가 화장실을 사용하면 다른 누군가가 밖에서 기다리고 있기 때문이다. 뒷사람을 위해 물기 제거도 철저히 해야만 한다. 평소 무심코 버리는 쓰레기조차 함부로 버릴 수 없다. 쓰레기를 아무렇게나 버리면 냄새로 인해 함 내 공기 오염을 유발하기도 하고 쓰레기의 부피가 커지게 된다. 내가 아무렇게나 버린 쓰레기는 분리수거 혹은 오물배출을 할 때 고스란히 내 손에 묻히게 된다. 해야 하는 일을 다른 사람에게 미루지도 않게 되었다. 내가 하지 않으면 남이 해야 하는 일들이 많기 때문이다. 설거지와 청소를 비롯해 하나부터 열까지 오픈되어 있으므로 다른 사람을 항상 배려해야 했다.

결국, 다른 사람을 배려하는 것이 나를 위한 일이라는 것을 깨닫게 되었다. 근무 환경 특성과 몸으로 실천하는 공동체 의식은 좋은 습관을 형성하는 데 도움이 되었다. 그동안 나 자신만 위하던 내가 다른 사람을 배려하는 나로 변화되었다.

독일의 대문호 마르틴 발저는 이렇게 말했다.

"사람은 읽는 대로 만들어진다."

나는 군 생활을 하면서 스스로 책을 읽기 시작했다. 고등학생 때까지는 학교에서 보는 교과서 이외에는 거의 책을 보지 않았다. 성인이 되고 난 이후부터 독서에 관심을 가지기 시작했다. 입대하기 전에는 책을 살 돈이 없어서 서점에서 책을 보고 다시 제자리에 내려놓곤 했다. 군에서 정기적으로 급여를 받기 시작하면서 나는 적극적으로 책을 사서 보기 시작했다.

내가 독서에 본격적으로 집중하기 시작한 계기는 과거 직별장이었던 J상사님이 권해준 한 권의 책 덕분이었다. 그 책은 바로 이지성, 정회일 작가의 『독서 천재가 된 홍 대리』였다. 성공하고자 하는 마음은 독서를 통해 더욱 커졌다. 독서를 통해 사회에 선한 영향력을 주는 사람으로 성장하고 싶다는 마음이 생겼다. '수신제가치국평천하'를 독서의 목적으로 하며 사회 기여와 봉사를 하기 위한 독서를 추구하는 이지성 작가의 삶은 큰 도전이 되었다.

나는 인문학 독서를 시작하면서 사람에 대한 이해의 폭이 넓어졌다. 주변 사람들과의 관계에서 발생하는 고민이 있을 땐 『논어』, 『도덕경』과 같은 인문고전을 읽으며 생각을 정리했다. 가난했던 지난날의 아쉬움을 달래고 싶었던 것일까. 나는 틈만 나면 서점에 가서 수십만 원치의 책을 사서 읽었다. 어쩌면 대학을 진학하지 않았기 때문에 배움에 대한 갈망이 더욱 컸는지도 모른다. 인문고전으로 배운 지식은 현실 세계에서 사람들을 이해하는 데 많은 도움이 되었다. 군 복무를 하면서 사람에 대한 공부를 많이 하게 되었다 군대에서 만난 전국 8도의 사람들은 나의 생각과 견문을 넓히는 데 도움이 되었다. 각양각색의 생각, 사고, 행동을 통해 많은 사람을 이해할 수 있게 되었다.

군 생활의 중반쯤부터 시작한 독서는 지금의 나를 만든 든든한 자양분이 되었다. 해군은 나에게 배움과 실천의 장이었다. 인생의 고민에 대한 답을 책을 통해 얻었다. 책에서 나온 내용을 직접 적용해보면서 사람에 대한 폭넓은 이해는 덤으로 얻었다.

다독은 머릿속에 끊임없이 집어넣는 인풋(input)만 가져다주었다. 머릿속에 지식적인 부분만 계속 채워 넣는 것 같았다. 계속 책을 읽으면서도 왠지 모를 허전함을 느꼈다. 독서를 계속하긴 하는데 한계가 느껴지는 것 같았다. 내적인 변화와 생활 속에서 느끼는 작은 변화들 외에는 내 삶이 크게 달라지는 점이 없다고 느껴졌다. 나는 해군에서 보고 느끼고 경험했던 것들을 사람들과 나누고 싶었다. 내가 겪었던 시행착오를 공유해서 새로 입대하는 사람들에게 도움이 되고 싶다는 생각이 들었다.

어느 날 교보문고에서 책을 고르던 중 『100억 부자 생각의 비밀 필사 노트』라는 책을 발견하고 〈한국책쓰기1인창업코칭협회(이하 한책협)〉의 김태광 대표 코치님을 알게 되었다. '김도사'로 불리는 김태광 코치님은 25년 동안 250권의 책을 펴내고 1,100명이 넘는 평범한 사람들을 작가로 만들었다. 평범한 사람들의 삶의 스토리를 책에 담아 세상에 선한 영향력을 주는 일에 가치를 두고 일하는 분이었다. 책을 따라 필사하다가 '성공해서 책을 쓰는 것이 아니라 책을 써야 성공한다'라는 문구를 보고 큰 충격을 받아 〈한책협〉에 가입했다.

그리고 '김도사'라는 분이 어떤 분인지 궁금해 시중에서 구할 수 있는 〈한책협〉의 필독 도서를 모두 구입해서 보았다. 책을 읽으면 읽을수록 내가 가난한 마인드로 살고 있다는 것을 깨달았다. 부자가 되기 위해서는 부자의 말과 행동을 하고 부자에게 제대로 배워야겠다는 생각이 들었다. 그리고 30살이 되도록 직장인의 마인드만 가지고 있던 나는 사업가가 되고자 하는 꿈이 생겼다. 전역한 지금 이 순간부터 인생 2막을 멋지게 준비해야겠다고 다짐했다. 독서로 인풋(input)만 하는 것이 아닌 책 쓰기로 아웃풋(output)을 할 수 있다는 말에 나는 용기를 냈다.

나는 해군에서 내가 성장한 이야기를 책으로 담고 싶어 김태광 코치님을 찾아갔다. 책을 씀으로써 다른 사람의 인생을 바꾸고 선한 영향력을 줄 수 있다는 것을 알게 됐다. 〈한책협〉에서 배우면서 힘든 줄로만 알았던 내 해군 생활이 성장으로 가득한 시간이었음을 깨닫게 됐다. 감사하지 않은 순간이 없고 실패는 실패가 아니라는 것을 알게 해줬다. 해군이 내 인생을 성장시켜 온 가장 좋은 학교였다는 것을 절실히 깨달았다. 김태광 코치님을 만나면서 나는 인생 2막을 제대로 준비할 멋진 기회를 얻게 되었다.

우리는 학교에서 지식을 배운다. 그러나 대부분 학교 졸업과 동시에 배움을 멈추곤 한다. 고등학교를 졸업함과 동시에 그동안 배웠던 지식은 모두 뒤로 한다. 대학에 가서도 마찬가지이다. 대학에서 배운 것을 제대로 활용하지 못하고 있다. 대학을 졸업한 이후에도 책을 보며 끊임없이 배우는 사람은 드물다. 통계청의 통계에 따르면 2019년 기준 대한민국 성인의 평균 독서량은 연 7.3권으로 집계됐다. 평균 독서량이 세계 166위이다. 성인 평균 독서량은 시간이 지날수록 줄어드는 추세이다.

군 생활도 마찬가지이다. 부사관이라는 안정적인 직업을 가졌다고 해서 배움을 멈추게 되면 제자리에 멈춰 서는 것이 아니라 오히려 뒤로 퇴보한다. 자신을 갈고닦으며 배우지 않는다면 발전할 수 없다. 교육기관에서 배운 것을 실무에서 잘 활용해야 한다. 교과서로 배운 것뿐만 아니라 일을 하며 배우는 것에 더욱 적극적으로 임하는 것이 중요하다. 실무생활에서 많은 사람과 상호작용하며 우리는 많은 깨달음을 얻게 된다. 다양한 경험을 통해 다른 사람들의 생각을 배우고, 그들과 소통하면서 나를 더욱 잘 이해하게 된다.

군에 있다 보면 사회 변화의 물결을 따라가기 쉽지 않다. 기본적으로 임무를 수행할 때마다 사회와 동떨어진 생활을 하므로 방심할수록 더욱 위험하다. 지금 사회는 4차 산업혁명의 거대한 물결 속에 있다. 나는 전역하고 사회에 나와서야 정신이 번쩍 들었다. 나름대로 관심을 가지고 있다고 생각했는데 많이 부족했음을 느꼈다. 지금은 평생교육 시대이다. 학교를 졸업했다고, 나이가 들었다고 해서 배움을 멈추면 안 된다.

독일의 시인 괴테는 "유능한 사람은 언제나 배우는 사람이다."라고 말했다. 배우고자 하는 의지가 있는 사람은 어떤 상황에 놓여도 배움을 추구한다. 바쁘고 힘들어도 시간을 쪼개 독서하며 사람들과의 관계 속에서 깨달음을 얻는다. 항상 배우고자 하는 노력이 쌓이면서 시간이 지날수록 유능한 사람으로 변화되는 것이다.

이런 사회의 흐름 속에서 매일 술에 취해 있거나 게임을 하면서 시간을 보내고 있다면 그 사람의 미래는 별로 밝지 않다. 정신을 바짝 차린다면 해군에서도 나를 성장시킬 수 있는 요인들이 눈에 보이기 시작할 것이다. 이들을 적극적으로 활용하고 나의 것으로 만들어라. 당신의 미래는 당신이 생각하고 노력하는 만큼 발전할 것이다.

나는 20대 시절의 대부분을 바다에서 보냈다. 바다에서의 생활은 내 인생에 중요한 배움을 안겨주었다. 다양한 사람과 관계를 맺는 법을 배웠다. 동료들과 대화하는 법을 배우고 서로를 존중하는 예절을 익혔다. 군대의 가장 핵심 요소인 협동 정신을 통해 팀워크의 중요성을 알게 됐다. 그 가운데서 조직을 관리하고 운영하는 리더십의 역할을 체험했다. 극한 상황에서도 임무를 수행하며 인내와 끈기, 절제심, 시련을 견뎌내며 극복하는 방법을 체득했다. 이처럼 인생을 살아가는 데 필수적인 자질을 모두 해군에서 배웠다. 바다에서의 삶은 헛되이 시간을 보낸 것이 아니라 지금의 내 인격과 잠재력을 계발하는 데 지대한 역할을 했다.

07

바다가 나에게
가르쳐준 것들

"국가가 나에게 해준 게 뭐가 있지?"

학교, 집, 학교, 집 생활을 반복했던 나는 국가의 역할에 대해 무지했다. 초
등학교 때부터 시험 성적을 위한 공부를 했기 때문일까. 군대 갈 때가 되니
국가의 역할에 대해 생각해보게 되었다. 진짜 궁금해서 했던 생각이 아니라
면접 때 물어볼 것 같았기 때문이다. 곰곰이 생각해봐도 국가가 나에게 해준
것이 무엇인지 잘 떠오르지 않았다. 결국, 면접 때 내가 생각했던 질문은 나오
지 않았고 나는 무난하게 입대했다.

훈련소에서도 국가관, 안보관에 대해 교육을 받았다. 솔직히 그때는 시험
점수를 잘 받기 위해 공부했지 내가 경험적으로 아는 것은 없었다. 크게 관심

을 두지 않고 그냥 그러려니 하고 넘어갔다.

배를 타고 첫 경비 임무를 나가는 순간 내가 국방의 최전선에 있다는 것을 깨달았다. 바다는 예측할 수 없는 곳이었다. 해상 안전, 국제 분쟁, 주변국과의 관계, 외교, 북한과의 관계 등 한시도 긴장의 끈을 놓칠 수 없는 곳이었다. 그렇게 대한민국의 바다는 지금까지 한시도 빠짐없이 해군이 지켜온 것이다. 출동 경험이 점점 쌓이면서 내가 하는 일의 중요성을 느끼기 시작했다.

국가는 우리가 태어날 때부터 항상 곁에 있었다. 군대를 다녀오고 사회생활을 할수록 생각이 달라지지만 학생일 때는 이에 대해 깊이 생각해볼 기회가 적다. 군대에 입대할 때까지만 해도 막연히 군인이 되고 싶은 마음을 가지고 있을 것이다. '국가에 헌신하고 싶어서, 어릴 때부터 군인이 되고 싶어서' 등의 이유로 군에 입대하곤 한다. 그런데 막상 국가에서 당신을 필요로 해서 투입되면 이전의 마음은 곧바로 흔적도 없이 사라진다.

'왜 하필 우리가 나가야 하는 거지?'
'꼭 중요한 약속이 있을 때 비상소집이라니…'
'왜 이럴 때만 일이 터지는 거야?'

이런 생각이 들 때는 당신이 입대한 이유에 대해 생각해보자. 그때가 바로 국가에 헌신해야 하는 순간이다. 당신이 입대하기 위해 고민하고 준비했던 그 생각이다. 군인으로서 당연히 해야 하는 일이다. 화장실 들어갈 때와 나올 때 마음이 다르다고 하지 않는가? 마찬가지로 입대하기 전과 후의 마음도 다르게 마련이다.

우리는 인생에서 가장 빛날 시기에 군대에서 시간을 보내야 한다. 직접 국방의 현장에서 근무함으로써 올바른 국가관과 군의 역할에 대해 잘 이해할 수 있을 것이다. 군 복무를 하는 것이 국민의 생명과 자유를 지키고 사랑하는 가족을 보호하기 위한 일이라는 것을 기억하자.

처음에는 경험해보지 못했기 때문에 이해하기 어려울 수 있다. 군 복무를 하며 나 자신이 국방의 중요한 역할을 맡고 있다는 것을 알게 된다면 자부심을 가지자. 대한민국의 해군으로 국가와 국민을 지키는 현장의 중심에 있다는 것을 자랑으로 여기자.

나는 한때 오해 때문에 선배와의 관계가 최악으로 치달았던 적이 있었다. 선배는 배에서 좋은 평판이 있었으며 누구나 인정하는 능력 있는 부사관이었다. 나는 부임 초기였기에 아무것도 내세울 것이 없었다. 다른 승조원들이 3자의 측면에서 봤을 때 무조건 나의 잘못이었다. 나의 소통 능력이 부족했던 탓에 발생했던 오해여서 더욱 마음이 힘들었다. 어떻게 해명할 기회도 주어지지 않아서 하루하루가 지옥 같았다.

나는 말로 해결할 수 없다면 행동으로라도 해결해야겠다고 마음먹었다. 항해를 나갔을 때도 선배와의 소통은 어려웠다. 나는 내가 할 수 있는 역할에서 최선을 다하기로 했다. 부족하지만 항해 당직 근무에 최선을 다하고 자는 시간을 아껴가며 공부하는 모습을 보였다. 기나긴 임무를 마치고 입항했을 때 회식 자리에서 나는 용기를 내서 선배에게 다가갔다. 처음에는 불편한 기색을 보였지만 지금이 아니면 기회가 없다는 생각에 다시 한번 다가갔다.

다행히 마음을 열게 된 선배에게 나는 나의 심경을 솔직하게 말했다. 선배도 그동안 오해가 있었음을 이야기했다. 그리고 제때 문제를 해결하지 못한 것에 대해 미안하다고 했다. 나의 모습을 계속 지켜봤던 선배는 관계 개선을 위한 나의 노력을 인정해주며 서로 간의 오해를 풀었다. 숙소에 돌아가니 그동안의 마음고생 했던 시간이 떠올랐다. 그리고 다시 관계가 개선된 것에 감사하며 눈물을 흘렸다.

부사관 교육대에서 훈련받을 때 생활관에 걸려 있던 인상적인 문구가 생각난다. 시인 정현종의 시 「방문객」에서 발췌한 구절이다.

"사람이 온다는 건 실로 어마어마한 일이다. 한 사람의 일생이 오기 때문이다."

후보생이었던 당시에는 와닿지 않았지만, 시간이 지나면서 깊이가 느껴진 구절이다. 누군가를 만나는 것은 한 사람의 인생을 만나는 것과 같다. 한 사람이 인생을 살아오면서 겪은 경험, 생각, 철학과 만나는 것이기 때문이다. 상대방과 상호작용을 하면서 우리는 그 사람에 대한 정보를 무의식적으로 받아들인다. 그중에는 좋은 만남도 있고 안 좋은 만남도 있을 것이다. 누군가를 만난다는 것은 만남의 순간은 짧을지 몰라도 인생에 지대한 영향을 미칠 수 있다. 한 사람의 잠재력을 끌어내줄 수 있는 사람을 만나는 것. 말 한마디, 칭찬 한마디, 격려 한마디가 사람의 인생을 크게 바꾸기도 한다.

결국, 사람이 제일 중요한 자산이다. 누구를 만나느냐에 따라 인생의 방향이 크게 바뀔 수 있다. 한 사람을 만난다는 것은 그 사람이 지금까지 살아왔던 모든 일과 만나는 것과 같다. 그동안 나를 이끌어온 것은 그동안 해군 생활을 하며 만났던 동료들이었다. 모난 돌 같았던 나를 깎고 다듬어 가치 있게 쓰일 수 있도록 만들어줬다. 때로는 쓴소리를 듣기도 했다. 불평불만을 가지고 미워하기도 하고 분노하기도 했다.

모든 사람에게는 배울 점이 있다. 나와 생각이 비슷한 사람, 마음이 맞는 사람과 함께 있으면 마음이 편하다. 반면에 나와 생각이 맞지 않는 사람, 사사건건 태클을 거는 사람과 있으면 마음이 불편하다. 나를 편하게 만드는 사람과 불편하게 만드는 사람 중에 나를 성장시켜주는 사람은 나를 불편하게 만드는 사람이다.

불편한 사람을 만나면 사람들은 두 부류로 나뉜다. 첫 번째 부류는 '뭐 이런 사람이 다 있어?'라며 그 사람에 대해 부정적인 감정만 가진다. 그러면서 그 사람과 가능하면 마주치지 않으려 하고 그 사람에 대해 뒷이야기를 하기도 한다. 그러나 두 번째 부류는 다르다. '지금 당장은 부정적인 모습이 보이지만 이 사람에게도 분명 장점이 있을 거야.'라고 긍정적으로 생각한다. 처음에는 안 좋은 감정을 가졌지만 관찰하며 관계 개선을 위해 노력한다. 마침내 불편한 사람과 관계를 개선할 수 있는 시기를 포착하여 결국 문제를 해결한다. 모든 사람에게서 배울 점을 찾는 사람만큼 무서운 사람은 없다. 현재의 부정적인 감정은 내려놓고 나를 불편하게 하는 사람의 장점을 찾아보자.

지금 눈앞에 있는 문제가 힘들다고 해서 절망하지 말자. 그 힘든 문제를 지혜롭게 해결한다면 당신의 내면은 더욱 단단해질 것이다. 세상에 견뎌내지 못할 시련은 없다. 모든 시련은 우리가 감당할 수 있을 만큼만 주어진다. 눈앞에 닥친 시련에 좌절한다면 다음번에 같은 종류의 시련과 마주할 때 또 좌절하게 된다. 시련을 피하지 말고 반드시 정면으로 마주하여 극복하라. 시련은 당신을 지금보다 더욱 가치 있게 만들어준다. 나를 더욱 단단하게 단련시키는 훈련의 과정이라고 생각하자.

나는 8년 동안 해군 부사관으로 군 생활을 했다. 군 생활을 하면서 항상 들었던 생각이 있다.

'왜 많은 부사관이 입대하고 나서 부사관이 된 것을 후회할까?'

그에 대한 답을 찾아보고자 이 책을 쓰게 되었다. 먼저 겪은 사람의 진솔한 후기로 예비 후보생들의 궁금증을 조금이나마 해결해주고 싶은 마음이다.

이 책을 쓰면서 해군에서 있었던 일들을 돌아보니 감사한 일들이 참 많았다는 것을 알게 되었다. 당시에는 힘들었던 일조차 훗날 나에게 재산이 되었고 지혜가 되었다. 내가 해군 부사관으로 복무할 수 있었던 것은 내 인생에 있어 큰 축복이었다. 바다는 나에게 인생을 살아가는 데 필요한 모든 것을 가르쳐주었다.

짧게나마 생활을 기록하는 습관을 들이자

어디든지 마찬가지겠지만 해군 생활은 굉장히 바쁘다. 이런 분위기 속에서 생각 없이 지내다 보면 나도 모르는 사이에 시간이 훌쩍 지나가곤 한다. 바쁜 시간이 지나고 나면 인생에 공백이 생긴 것처럼 기억이 잘 나지 않는다. 매일 하루를 마칠 때 짧게라도 자신의 삶과 생각을 기록하는 습관을 들여보자. 이런 습관이 쌓이면서 생각이 정리되고 성장하는 경험을 할 수 있다.

꿈은 찬란하지만,
지극히 현실적이다

2020년 5월 29일, 해군 생활을 뒤로하고 사회로 나가는 날이었다. 이순신함 사무실에 가서 승조원들에게 인사를 했다. 그리고 잠수함 사령부와 재진부대에 있는 선배님들에게 인사를 하고 마무리를 했다.

차를 타고 잠수함 부두부터 수리 부두, 정박 부두, 진해 군항에 있는 모든 부두를 돌아보았다. 진해 군항에 있는 거의 모든 부두에 정박하고 생활을 했었던 기억들이 떠올랐다. 부두 한곳 한곳을 지날 때마다 지난 시간의 추억이 지나갔다. 마지막이라고 생각하니 아쉬운 마음이 들었다. 퇴근 시간이 되어 영내에는 군가가 울려 퍼지고 있었다. 나가는 발걸음이 무거웠다.

'저 문을 나가게 되면 이제 정말 마지막이다…'

헌병의 마지막 경례를 받으며 정문을 통과하는 순간 눈시울이 뜨거워졌다. 지난날의 소중한 경험들을 뒤로하고 군복을 벗는 순간이었다. 내가 살고 있던 관사는 해군사관학교 정문 바로 옆에 있는 아파트였다. 주차장에 주차하고 집에 올라가지 못한 채 한참을 차에 앉아 있었다.

평범한 고등학생이었던 나는 우연한 기회에 듣도 보도 못한 해군이라는 곳에 발을 디뎠다. 압도적인 웅장함을 지닌 군함의 모습과 멋진 승조원들의 모습에 매료되어 해군이 되고자 마음먹었다. 무엇을 해야 할지 막막하기만 했던 나는 앞으로 어떤 거센 파도가 닥치는지도 모른 채 바다로 뛰어들었다.

내가 좋아하는 일인지, 잘하는 일인지는 중요하지 않았다. 그것을 생각하면 내 가슴이 뛴다는 이유 하나만으로 불나방처럼 달려든 것이다. 이 직업을 선택하면 나는 멋있어 보이고 근사할 것만 같았다. 2번의 뼈아픈 실패 끝에 나는 해군이 되고자 하는 꿈을 이루었다. 해군은 분명히 멋있고 근사했다. 내가 기대했던 것 이상의 경험을 할 수 있어서 행복했다.

그러나 그 이면에는 멋있고 근사한 것을 누리기 위한 대가들이 기다리고 있었다. 수많은 육체적·정신적 훈련을 이겨내며 나는 조금씩 단련되어갔다. 군인 한 사람은 그냥 만들어지는 것이 아니라는 것을 몸소 겪었다. 찬란한 미래를 꿈꿨지만, 내 눈 앞에 펼쳐지는 꿈은 지극히 현실적이었다.

나는 8년이라는 시간 동안 해군에 몸담았다. 그 과정에서 꿈, 도전, 실패, 좌절, 성공, 기쁨을 겪으며 한층 더 성장했다. 해군에 대한 이해는 하나도 없었던 내가 바다에서 어떤 일을 겪었는지 독자들과 나누고 싶었다.

진로 고민을 하는 청소년과 청년들에게 하고 싶은 일이 있다면 용기 있게 도전해보라고 말하고 싶다. 어떤 길이든 직접 걸어보기 전에는 알 수 없다. 해보고 싶은 일은 억누른다고 해서 마음에서 없어지지 않는다. 억누르면 언젠가는 다시 튀어 올라온다.

어떤 일에 대한 성공과 실패는 중요하지 않다. 당신이 경험하는 모든 일은 당신이 성장하는 데 밑거름이 되기 때문이다. 평범하지만 평범해지고 싶지 않았던 나의 경험이 예비 해군 부사관 후보생들에게 도움이 되었으면 하는 바람이다.

끝으로 해군에서 만나게 된 모든 인연에 감사한다. 동기, 선·후배, 승조원들은 지금의 나를 만들어준 고마운 사람들이다. 지금 이 순간에도 하늘과 땅, 바다 위, 바닷속에서 대한민국을 든든하게 지키고 있는 모든 해군에게 깊은 존경과 감사를 보낸다.